财政部规划教材

全国财政职业教育教学指导委员会推荐教材

全国高职高专院校会计专业新课标立体化教材

企业财务管理实训与练习

主　编　孔德兰

副主编　许　辉

中国财经出版传媒集团

中国财政经济出版社

图书在版编目（CIP）数据

企业财务管理实训与练习／孔德兰主编．--北京：中国财政经济出版社，2020.7

财政部规划教材　全国财政职业教育教学指导委员会推荐教材　全国高职高专院校会计专业新课标立体化教材

ISBN 978－7－5095－9848－1

Ⅰ.①企…　Ⅱ.①孔…　Ⅲ.①企业管理－财务管理－高等职业教育－教材　Ⅳ.①F275

中国版本图书馆 CIP 数据核字（2020）第 096746 号

责任编辑：王佳欣　　责任校对：徐艳丽

封面设计：育林华夏　　通　　读：卓文娟

中国财政经济出版社 出版

URL：http：//www.cfeph.cn

E－mail：cfeph@cfemg.cn

社址：北京市海淀区阜成路甲 28 号　邮政编码：100142

营销中心电话：010－88191537

三河市宏图印务有限公司印刷　　各地新华书店经销

787×1092 毫米　16 开　6.75 印张　156 000 字

2020 年 8 月第 1 版　2020 年 8 月河北第 1 次印刷

定价：19.00 元

ISBN 978－7－5095－9848－1

（图书出现印装问题，本社负责调换）

本社质量投诉电话：010－88190744

编写说明

本书是财政部规划教材、全国财政职业教育教学指导委员会推荐教材，由财政部教材编委员会组织编写并审定，作为全国高职高专院校会计专业新课标立体化教材使用。

本书是全国财政职业教育教学指导委员会立项的“会计立体化教材数字化资源库建设”项目立项建设的教材《企业财务管理》的配套实训与练习。本书侧重于“企业财务管理”课程的实训环节，以强化学生对财务管理理论知识的理解应用及技能训练为原则，以企业财务管理活动为主线，以财务管理相关业务操作为主体，注重与会计专业技术职称考试对接，旨在帮助学生全面掌握教材的相关知识点与技能点，以企业财务管理工作过程中的典型工作任务为重点，系统培养学生发现问题、分析问题和解决问题的能力，有效提升学生的财务管理实践操作能力、创新思维能力和财务职业综合素质。

本书充分体现“以学生为主体，以教师为主导”“教学做一体化”的高职高专教育教学改革新思路，注重课证融合。其各项目内容包括六个部分：“单项选择题”“多项选择题”“判断题”“业务分析题”“讨论题”“案例分析题”，注重突出财务管理岗位职业素质与职业能力培养。

本书由长期从事财务管理教学的骨干教师和会计行业实务专家共同编写。本书由国家“万人计划”教学名师、“财务管理实务”国家精品资源共享课程负责人、浙江金融职业学院孔德兰教授担任主编，负责拟定编写大纲，对全书总纂和定稿，由副教授许辉博士担任副主编。具体编写分工如下：项目一由黄文妍编写，项目二、项目三、项目四由孔德兰编写，项目五、项目六、项目七由许辉编写。全国杰出会计工作者、传化集团前副总裁、教授级高级会计师杨柏樟负责对本书内容进行全面审定。

本书为用书学校任课老师提供了参考答案，请以电子邮件形式向中国财政经济出版社索取（请注明：学校、全书名、版次），E-mail：caijingjiaocai@163.com，亦可登录如下网址下载：http://jiaocai.cfeph.cn。

虽然我们对本书的撰写作了很多努力，但由于作者水平有限，书中难免存在纰漏或不当之处，敬请各位读者批评指正。

编　者

2020年6月

目　录

项目一 Project 1

企业财务管理认知

一、单项选择题

1. 企业与政府间的财务关系体现为（　　）。

A. 债权债务关系　　B. 强制和无偿的分配关系

C. 资金结算关系　　D. 风险收益对等关系

2. 作为企业财务目标，每股收益最大化较之利润最大化的优点在于（　　）。

A. 考虑了资金时间价值因素　　B. 反映了创造利润与投入资本的关系

C. 考虑了风险因素　　D. 能够避免企业的短期行为

3. 依照利率之间的变动关系，利率可分为（　　）。

A. 固定利率和浮动利率　　B. 市场利率和法定利率

C. 名义利率和实际利率　　D. 基准利率和套算利率

4. 下列不属于财务管理环节的是（　　）。

A. 财务预算　　B. 财务报告

C. 财务决策　　D. 财务考核

5. 在下列各项中，能够反映上市公司价值最大化目标实现程度的最佳指标是（　　）。

A. 总资产报酬率　　B. 净资产收益率

C. 每股市价　　D. 每股利润

6. 在没有通货膨胀的条件下，纯利率是指（　　）。

A. 投资期望收益率　　B. 银行贷款基准利率

C. 社会实际平均收益率　　D. 没有风险的资金供求均衡点利率

7. 下列各项中，不能协调所有者与债权人之间矛盾的方式是（　　）。

A. 市场对公司强行接收或吞并　　B. 债权人通过合同实施限制性借款

C. 债权人停止借款　　D. 债权人收回借款

8. 在财务管理中，企业将所筹集到的资金投入使用的过程被称为（　　）。

A. 广义投资　　B. 狭义投资

C. 对外投资　　D. 间接投资

9. 假定甲公司向乙公司赊销产品，并持有丙公司的债券和丁公司的股票，且向戊公司支付公司债利息。假定不考虑其他条件，从甲公司的角度看，下列各项中属于本企业与债权人之间财务关系的是（　　）。

A. 甲公司与乙公司之间的关系　　B. 甲公司与丙公司之间的关系

C. 甲公司与丁公司之间的关系　　D. 甲公司与戊公司之间的关系

10. 根据财务管理理论，企业在生产经营活动过程中客观存在的资金运动及其所体现的经济利益关系被称为（　　）。

A. 企业财务管理　　B. 企业财务活动

C. 企业财务关系　　D. 企业财务

11. 在下列各项中，从甲公司的角度看，能够形成“本企业与债务人之间财务关系”的业务是（　　）。

A. 甲公司购买乙公司发行的债券　　B. 甲公司归还所欠丙公司的货款

C. 甲公司从丁公司赊购产品　　D. 甲公司向戊公司支付利息

12. 在下列各种观点中，既能够考虑资金的时间价值和投资风险，又有利于克服管理上的片面性和短期行为的财务管理目标是（　　）。

A. 利润最大化　　B. 企业价值最大化

C. 每股收益最大化　　D. 资本利润率最大化

13. 下列各项企业财务管理目标中，能够同时考虑资金的时间价值和投资风险因素的是（　　）。

A. 产值最大化　　B. 利润最大化

C. 每股收益最大化　　D. 企业价值最大化

14. 企业实施了一项狭义的“资金分配”活动，由此而形成的财务关系是（　　）。

A. 企业与投资者之间的财务关系　　B. 企业与受资者之间的财务关系

C. 企业与债务人之间的财务关系　　D. 企业与供应商之间的财务关系

15. 下列各项中，能够用于协调企业所有者与企业债权人矛盾的方法是（　　）。

A. 解聘　　B. 接收

C. 激励　　D. 停止借款

16. 某公司董事会召开公司战略发展讨论会，拟将企业价值最大化作为财务管理目标，下列理由中，难以成立的是（　　）。

A. 有利于规避企业短期行为　　B. 有利于量化考核和评价

C. 有利于持续提升企业获利能力　　D. 有利于均衡风险与报酬的关系

17. 某上市公司针对经常出现中小股东质询管理层的情况，拟采取措施协调所有者与经营者的矛盾。下列各项中，不能实现上述目的的是（　　）。

A. 强化内部人控制　　B. 解聘总经理

C. 加强对经营者的监督　　D. 将经营者的报酬与其绩效挂钩

18. 下列应对通货膨胀风险的各种策略中，不正确的是（　　）。

A. 进行长期投资　　B. 签订长期购货合同

C. 取得长期借款　　D. 签订长期销货合同

19. 下列各项中，符合企业相关者利益最大化财务管理目标要求的是（　　）。

A. 强调股东的首要地位　　B. 强调债权人的首要地位

C. 强调员工的首要地位　　D. 强调经营者的首要地位

20. 下列财务管理环境中，随之得到改善的是（　　）。

A. 经济环境　　B. 金融环境

C. 市场环境　　D. 技术环境

21. 企业与供应商之间的财务关系体现为（　　）。

A. 投资与分享投资收益关系　　B. 强制和无偿的分配关系

C. 资金结算关系　　D. 风险收益对等关系

22. 根据预测和决策编制计划的财务管理环节是（　　）。

A. 财务预算　　B. 财务报告

C. 财务决策　　D. 财务考核

23. 下列各项中，能协调所有者与经理人之间矛盾的方式是（　　）。

A. 债权人收回借款　　B. 债权人通过合同实施限制性借款

C. 债权人停止借款　　D. 市场对公司强行接收或吞并

24. 作为财务管理目标，能够考虑资金的时间价值和投资风险的是（　　）。

A. 利润最大化　　B. 股东财富最大化

C. 每股收益最大化　　D. 资本利润率最大化

25. 在下列各项中，不属于企业财务管理的金融环境内容的有（　　）。

A. 利息率　　B. 公司法

C. 金融工具　　D. 金融市场结构

26. 在下列经济活动中，能体现企业与投资者之间财务关系的是（　　）。

A. 企业向职工支付工资　　B. 企业向其他企业支付货款

C. 企业向国家税务机关缴纳税款　　D. 国有企业向国有资产投资公司支付股利

27. 下列各项中，不会影响利率高低的因素是（　　）。

A. 纯利率　　B. 通货膨胀补偿率

C. 风险报酬率　　D. 社会累积率

28. 支付工资属于（　　）活动。

A. 筹资　　B. 资金营运管理

C. 投资　　D. 收益分配

29. 购买固定资产属于（　　）活动。

A. 筹资　　B. 资金营运管理

C. 投资　　D. 收益分配

30. 三个月的企业债券利率高于同期的国债利率，其中差额是（　　）。

A. 违约风险报酬率　　B. 流动性风险报酬率

C. 期限风险报酬率　　D. 通货膨胀补偿率

二、多项选择题

1. 财务管理是（　　）的一项经济管理工作。

A. 组织企业财务活动　　B. 组织购销活动

C. 处理财务关系　　D. 进行人力资源管理

2. 在下列经济活动中，不能体现企业与投资者之间财务关系的是（　　）。

A. 企业向职工支付工资　　B. 企业向其他企业支付货款

C. 企业向国家税务机关缴纳税款　　D. 国有企业向国有资产投资公司支付股利

3. 为确保企业财务目标的实现，下列各项中，可用于协调所有者与经营者矛盾的措施有（　　）。

A. 所有者解聘经营者　　B. 所有者向企业派遣财务总监

C. 公司被其他公司接收或吞并　　D. 所有者给经营者以“股票选择权”

4. 在下列各项中，属于企业财务管理的金融环境内容的有（　　）。

A. 利息率　　B. 公司法

C. 金融工具　　D. 税收法规

5. 企业财务管理的基本内容包括（　　）。

A. 筹资管理　　B. 投资管理

C. 利润分配管理　　D. 经营管理

6. 在下列各项中，属于财务管理经济环境构成要素的有（　　）。

A. 经济周期　　B. 经济发展水平

C. 宏观经济政策　　D. 公司治理结构

7. 风险报酬率包括（　　）。

A. 违约风险报酬率　　B. 流动性风险报酬率

C. 期限风险报酬率　　D. 通货膨胀补偿率

8. 以“企业价值最大化”作为财务管理目标的优点有（　　）。

A. 有利于社会资源的合理配置　　B. 有助于精确估算非上市公司的价值

C. 反映了对企业资产保值增值的要求　　D. 有利于克服管理上的片面性和短期行为

9. 金融市场对企业财务活动的影响，主要表现在（　　）。

A. 金融市场是企业投资和筹资的场所

B. 企业通过金融市场使长短期资金相互转化

C. 金融市场为企业理财提供有意义的信息

D. 企业是金融市场的主体之一

10. 在不存在任何关联方交易的前提下，下列各项中，无法直接由企业资金营运活动形成财务关系的有（　　）。

A. 企业与投资者之间的关系　　B. 企业与受资者之间的关系

C. 企业与政府之间的关系　　D. 企业与职工之间的关系

11. 影响企业外部财务环境有各种因素，其中最主要的有（　　）。

A. 经济环境　　B. 商业环境

C. 法律环境　　D. 金融市场环境

12. 债权人为了防止其利益不受伤害，可以采取（　　）保护措施。

A. 取得立法保护，如优先于股东分配剩余财产

B. 在借款合同上规定资金的用途

C. 拒绝提供新的借款

D. 提前收回借款

13. 在某公司财务目标研讨会上，张经理主张"贯彻合作共赢的价值理念，做大企业的财富蛋糕"；李经理认为"既然企业的绩效按年度考核，财务目标就应当集中体现当年利润指标"；王经理提出"应将企业长期稳定的发展放在首位，以便创造更多的价值"。上述观点涉及的财务管理目标有（　　）。

A. 利润最大化　　　　B. 企业规模最大化

C. 企业价值最大化　　　　D. 相关者利益最大化

14. 利润最大化的缺陷有（　　）。

A. 没有考虑资金的时间价值　　　　B. 没有反映创造利润与投入资本的关系

C. 没有考虑风险因素　　　　D. 可能导致企业短期行为

15. 所有者通过经营者损害债权人利益的常见形式是（　　）。

A. 未经债权人同意发行新债券

B. 未经债权人同意举借新债

C. 投资比债权人预计风险高的新项目

D. 不尽力增加企业价值

16. 企业价值最大化在运用时也存在着缺陷，表现在（　　）。

A. 追求企业的价值化，不能使企业资产保值与增值

B. 非上市企业的价值确定难度较大

C. 股票价格的变动只受企业经营因素影响

D. 股票价格的变动，除受企业经营因素影响外，还受其他企业无法控制因素的影响

17. 下列项目中，属于财务管理基本环节的是（　　）。

A. 财务预测　　　　B. 财务决策

C. 财务控制　　　　D. 资金循环

18. 下列各项中，属于利率组成因素的有（　　）。

A. 纯利率　　　　B. 通货膨胀补偿率

C. 风险报酬率　　　　D. 社会累积率

19. 下列属于资金营运管理的是（　　）。

A. 短期借款　　　　B. 支付工资

C. 缴纳营业税　　　　D. 购买低值易耗品

20. 税收会影响企业的（　　）。

A. 筹资活动　　　　B. 投资活动

C. 现金流量　　　　D. 企业利润

三、判断题

1. 从资金的借贷关系看，利率是一定时期运用资金这一资源的交易价格。　　（　　）

2. 民营企业与政府之间的财务关系体现为一种投资与受资关系。　　（　　）

3. 财务管理环境是指对企业财务活动和财务管理产生影响作用的企业各种外部条件的统称。　　（　　）

4. 企业与政府之间的财务关系体现为投资与受资的关系。　　（　　）

5. 根据财务管理的理论，必要投资收益等于期望投资收益、无风险收益和风险收益之和。（　）

6. 企业财务管理是基于企业再生产过程中客观存在的资金运动而产生的，是企业资金筹集与运用的一项经济管理工作。（　）

7. 财务控制是指按照一定的程序与方法，确保企业及其内部机构和人员全面落实和实现财务预算的过程。（　）

8. 在企业财务关系中最为重要的关系是指，企业与作为社会管理者的政府有关部门、社会公众之间的关系。（　）

9. 企业财务管理部门负责企业预算的编制、执行、分析和考核工作，并对预算执行结果承担直接责任。（　）

10. 在经济衰退初期，公司一般应当出售多余设备，停止长期采购。（　）

11. 解聘是所有者约束经营者的唯一办法。（　）

12. 就上市公司而言，将股东财富最大化作为财务管理目标的缺点之一是不容易被量化。（　）

13. 企业组织财务活动中与有关各方所发生的经济利益关系称为财务关系，但不包括企业与职工之间的关系。（　）

14. 股票市价是一个能够较好地反映企业价值最大化目标实现程度的指标。（　）

15. 以融资对象为划分标准，可将金融市场分为资本市场、外汇市场和黄金市场。（　）

16. 为了防范通货膨胀风险，公司应当签订固定价格的长期销售合同。（　）

17. 企业财务管理部门应当利用报表监控预算执行情况，及时提供预算执行进度、执行差异信息。（　）

18. 经济危机时期，由于企业经营环境恶化、销售下降，企业应当逐步降低债务水平，以减少破产风险。（　）

19. 以每股收益最大化作为财务管理的目标，考虑了资金的时间价值但没有考虑投资的风险价值。（　）

20. 企业财务活动的内容，也是企业财务管理的基本内容。（　）

21. 企业与供应商之间的财务关系主要体现为投资与分享投资收益。（　）

22. 缴纳税费属于收益分配活动。（　）

23. 利润最大化是企业最合适的理财目标。（　）

24. 预测是决策的基础。（　）

25. 购买短期债券属于投资行为。（　）

26. 为了实现企业理财目标，可以通过对总经理实行奖金制和降职等方式来实现。（　）

27. 企业利润越多，理财目标实现得越好。（　）

28. 宏观经济快速增长时，企业可以增加负债提高生产能力。（　）

29. 财务管理人员应该专注于企业内部管理，不应该关注外界环境变化。（　）

30. 税法的变化企业是无法控制的。因此，在进行财务管理活动时不需要关注。（　）

四、业务分析题

1. 陈强是一名高职院校财务管理专业的应届毕业生，他按照学校的要求到他叔叔的公司进行毕业顶岗实习。这家公司主要生产汽车电子元器件，近年来发展规模迅速扩张，但老板是从事技术出身，对经营管理不太了解。因此，他希望陈强能够充分利用学校所学的专业知识，帮助公司解决目前存在的财务问题。

陈强决定不辜负叔叔对他的信任，帮助叔叔搞好财务管理工作。陈强深入企业一线，经过两个星期的调查和了解，发现公司存在以下主要问题：第一，公司没有财务预算和现金收支计划，当遇到资金周转困难时就通过向银行贷款解决，企业无法预计未来可能出现的现金盈亏；第二，公司员工的工作积极性不高，普遍存在“磨洋工”现象；第三，公司采购行为缺少计划和审批程序，导致某些存货积压时间过长，而某些产品则出现缺货现象而影响了生产进度；第四，产品质量控制不严格，部分工序没有质量检验程序；第五，产品销售价格不均衡，存在针对不同客户采用不同价格的现象；第六，公司所得税税款缴纳不及时，时常要支付滞纳金。

要求：

（1）请分析，在上述问题中，哪些属于财务管理问题？

（2）如果你是陈强，你应该从哪些方面解决上述存在的问题？

2. LT公司自2005年上市之后，主业由建筑材料的单一业务拓展到环保产业、新能源、新材料等多个领域。随着公司主营业务向高新技术行业转移，吸引和留住技术人才变得十分紧迫，依靠传统的工资加奖金方式吸引和留住人才已无优势。这个时代许多公司萌生了搞股票期权的想法，LT公司也不例外。2017年度LT公司股东大会通过了《关于实施认股权方案》的决议，授权公司董事会制订具体方案。随后，公司认定了股权管理委员会。成员中，1/3为外部专家，2/3为LT公司内部成员。委员会成员由公司董事会任命，直接受公司董事会的领导。

2018 年 LT 公司实施了认股权方案，这是一起探索规范化的方案，从开始到最后，整个过程都及时进行了公开披露，是中国资本市场上披露信息较为完整的一份股票期权激励方案。

要求：

（1）分析 LT 公司推出认股权激励方案的背景。

（2）你认为公司高级管理人员持股对公司财务管理目标有何影响？

（3）除了认股权激励方案外，你能提出解决股东利益与管理层利益冲突的其他方法吗？

3. 某公司 20X0 年 12 月 31 日流通在外的股份为 300 亿股，每股市价为 5.50 元，流通在外的债券市值为 895 亿元，其他负债的本金和应付利息之和为 415 亿元。

要求：

（1）计算公司 20X0 年 12 月 31 日股东权益市场价值。

（2）计算公司 20X0 年 12 月 31 日债权人权益市场价值。

（3）计算公司 20X0 年 12 月 31 日公司市场价值。

4. 某公司为了加强财务管理工作，专门设置了财务部，其职责规定如下：

（1）根据有关规定和财务制度权限进行各项财务管理活动，促进公司加速资金周转，节约费用支出，提高经济效益。

（2）在调研预测的基础上，做好领导的参谋，认真做好财务分析工作。

（3）正确反映本公司财务收支的盈亏情况，做好记账、算账、报账工作，负责会计报表的汇编工作。

（4）加强财务监督，坚持贯彻执行党和国家的有关方针、政策，严格财经纪律和各项财务制度。

（5）严格执行各项现金、票据管理制度，做好工资发放工作。确保资金安全。

请分析说明：

（1）什么是财务管理？财务管理包括哪些基本内容？

（2）财务管理的一般环节是什么？

（3）该公司财务部门从事的哪些活动属于财务管理工作？你对该公司的财务部工作有何建议？

5. 某公司发行面值为 1 000 元的债券，期限为 3 年，现行纯利率为 2%，通货膨胀率约为 2%，据测算该公司的违约风险报酬率约为 1.5%，流动性风险报酬率约为 0.3%，期限风险报酬率约为 1.2%。

要求：请指出公司发行债券时票面利率应该为多少比较合适。

五、讨论题

1. 如何做好企业财务管理工作？
2. 如何确定一个企业的财务管理目标？
3. 在进行财务管理活动中如何贯彻落实税收法律？

六、案例分析题

1. “对股东利益负责”——中国香港职业经理人的金字信条案例分析

【背景与情境】中国香港印度裔富商夏里利拉曾这样形容中国香港，他说：“中国香港的核心就是商业，所有事物都围绕着营商，商业文化深入骨髓。没有营商，中国香港便只剩下一个空壳。”

作为这样一个高度成熟且极度崇尚市场经济的商业社会，必然有一些坚实的商业伦理作为基础，比如最基本的职业道德、商务诚信，以及一切职业经理人的首要信条——“对股东利益负责”。

“对股东利益负责”，是在商业世界横行无阻的金字格言，无论是商务谈判、企业大会，还是新闻发布会，只要昂首挺胸、义正词严地说出这几个神奇的字，大部分质疑或争议似乎便被苍蝇拍“啪”地一下拍死，“整个世界都清净了”。

君不见，就连放售百佳超市、出售数座内地商厦后受到接连不断的“撤资”质疑的“李超人”李嘉诚先生，也不得不多次搬出这一句万能金钥匙为自己解决难题：“作为负责任的国际企业主持人，一切必须以股东利益为大前提。”“对股东的利益，要负起绝对的责任。”

只有从心底以股东利益为己任，企业才能基业长青。而在中国香港，能说出“对股东利益负责”的人，一般是上市公司的负责人，有着很高的社会地位和企业职权。因此，多少商人以能够理直气壮地喊出这句话为理想。

反过来说，侵害股东利益无疑是罪大恶极、为香港人所不容的恶行。没有人敢明着冒犯，但却暗度陈仓，用“对股东利益负责”为由做出伤害股东利益的事情，其实并不少见。比如2008年，李嘉诚的小儿子李泽楷意欲以每股4.5港元的低价购入市民以高达百元购买的电讯盈科股票，以便将其私有化、退市，计划一旦成功小股民必然损失惨重，幸而最终被法庭驳回。

问题：

（1）试对上述说法进行分析，作出你的善恶研判。

（2）本案例对你有哪些启示？

2. 广东世运电路科技股份有限公司股权激励案例分析

【背景与情境】以下是《广东世运电路科技股份有限公司股权激励计划草案摘要公告》部分内容：

广东世运电路科技股份有限公司（以下简称“公司”）成立于2005年5月。经中国证监会核准及上海证券交易所批准，于2017年4月26日在上海证券交易所挂牌上市。自设立以来，公司专注于印制电路板的研发、设计、生产、销售和相关配套服务。公司产品广泛应用于计算机及周边、通信、消费电子、汽车电子、工业、医疗、军事、航空等领域。股权激励的权益总数及涉及的标的股票总数：本计划拟向激励对象授予限制性股票数量为826.32万股，涉及的标的股票种类为人民币A股普通股，约占本计划公告时公司股本总额40 180.00万股的2.06%。其中首次授予766.10万股，约占本激励计划签署时公司股本总额40 180.00万股的1.91%，占本次授予限制性股票总量的92.71%，预留60.22万股，约占本激励计划签署时公司股本总额40 180.00万股的0.15%，占本次授予限制性股票总量的7.29%。本计划采取的激励工具为限制性股票，其股票来源为公司向激励对象定向发行公司A股普通股股票。

股权激励计划目的如下：

（1）进一步建立、健全公司经营管理机制，建立和完善公司董事、高级管理人员、中层管理人员以及核心技术（业务）骨干激励约束机制，充分调动经营管理团队的积极性，有效地将股东利益、公司利益和核心团队个人利益结合在一起，促进公司持续、稳健、快速的发展。

(2) 进一步完善目标考核制度，激发公司及控股子公司管理团队和核心技术（业务）骨干的动力和创造力，保证公司战略的顺利实施。

(3) 有利于吸引和保留优秀的管理人才和业务骨干，满足公司对核心技术人才和管理人才的巨大需求，建立公司的人力资源优势，进一步激发公司创新活力，为公司的持续快速发展注入新的动力。

资料来源：世运电路．广东世运电路科技股份有限公司股权激励计划草案摘要公告，搜狐网，2018 年 09 月 23 日．

问题：

(1) 分析广东世运电路科技股份有限公司推出认股权激励方案的背景。

(2) 你认为公司高级管理人员持股对公司的财务管理目标有何影响？

(3) 除了认股权激励方案外，你能提出解决股东利益与管理层利益冲突的其他方法吗？

项目二 *Project 2*

时间价值与风险价值分析

一、单项选择题

1. 在普通年金现值系数的基础上，期数加一、系数减一所得的结果，在数值上等于（　　）。

A. 普通年金现值系数　　B. 即付年金现值系数

C. 普通年金终值系数　　D. 即付年金终值系数

2. 下列各项年金中，只有现值没有终值的年金是（　　）。

A. 普通年金　　B. 即付年金

C. 永续年金　　D. 先付年金

3. 如果两个投资项目预期收益的标准离差相同，而期望值不同，则这两个项目（　　）。

A. 预期收益相同　　B. 标准离差率相同

C. 预期收益不同　　D. 未来风险报酬相同

4. 已知甲方案投资收益率的期望值为15%，乙方案投资收益率的期望值为12%，两个方案都存在投资风险。比较甲、乙两个方案的风险大小应采用的指标是（　　）。

A. 方差　　B. 净现值

C. 标准离差　　D. 标准离差率

5. 已知（F/A，10%，9）=13.579，（F/A，10%，11）=18.531。则10年、10%的即付年金终值系数为（　　）。

A. 17.531　　B. 15.937

C. 14.579　　D. 12.579

6. 在下列各项资金时间价值系数中，与资本回收系数互为倒数关系的是（　　）。

A. （P/F，i，n）　　B. （P/A，i，n）

C. （F/P，i，n）　　D. （F/A，i，n）

7. 某种股票的期望收益率为10%，其标准离差为0.04，风险价值系数为30%，则该股票的风险收益率为（　　）。

A. 40%　　B. 12%

C. 6%　　D. 3%

8. 在投资收益不确定的情况下，按估计的各种可能收益水平及其发生概率计算的加权平均数是（　　）。

A. 实际投资收益（率）　　B. 期望投资收益（率）

C. 必要投资收益（率）　　D. 无风险收益（率）

9. 某企业于年初存入银行10 000元，假定年利息率为12%，每年复利两次。已知（F/P，6%，5）=1.338 2，（F/P，6%，10）=1.790 8，（F/P，12%，5）=1.762 3，（F/P，12%，10）=3.105 8，则第5年年末的本利和为（　　）元。

A. 13 382　　B. 17 623

C. 17 908　　D. 31 058

10. 在下列各项中，无法计算出确切结果的是（　　）。

A. 后付年金终值　　B. 即付年金终值

C. 递延年金终值　　D. 永续年金终值

11. 根据财务管理的理论，特定风险通常是（　　）。

A. 不可分散风险　　B. 非系统风险

C. 基本风险　　D. 系统风险

12. 某公司从本年度起每年年末存入银行一笔固定金额的款项，若按复利制用最简便算法计算第n年年末可以从银行取出的本利和，则应选用的时间价值系数是（　　）。

A. 复利终值系数　　B. 复利现值系数

C. 普通年金终值系数　　D. 普通年金现值系数

13. 投资者对某项资产合理要求的最低收益率，称为（　　）。

A. 实际收益率　　B. 必要收益率

C. 预期收益率　　D. 无风险收益率

14. 某投资者选择资产的唯一标准是预期收益的大小，而不管风险状况如何，则该投资者属于（　　）。

A. 风险爱好者　　B. 风险回避者

C. 风险追求者　　D. 风险中立者

15. 某公司拟于5年后一次还清所欠债务100 000元，假定银行利息率为10%，5年10%的年金终值系数为6.105 1，5年10%的年金现值系数为3.790 8，则应从现在起每年年末等额存入银行的偿债基金为（　　）元。

A. 16 379.75　　B. 26 379.66

C. 379 080　　D. 610 510

16. 已知甲、乙两个方案投资收益率的期望值分别为10%和12%，两个方案都存在投资风险，在比较甲、乙两方案风险大小时应使用的指标是（　　）。

A. 标准离差率　　B. 标准差

C. 协方差　　D. 方差

17. 已知（F/A，10%，9）=13.579，9年期，利率为10%的普通年金终值系数值为（　　）。

A. 14.937　　B. 15.937

C. 14.579　　D. 12.579

18. 已知当前的国债利率为3%，某公司适用的所得税税率为25%。出于追求最大税后收益的考虑，该公司决定购买一种金融债券，该金融债券的利率至少应为（　　）。

A. 2.65%　　　　B. 3%

C. 3.75%　　　　D. 4%

19. 资金的时间价值是（　　）。

A. 货币经过投资后所增加的价值

B. 没有通货膨胀情况下的社会平均资金利润率

C. 没有通货膨胀和风险条件下的社会平均资金利润率

D. 没有通货膨胀条件下的利率

20. 一项风险资产，其投资收益率有两种可能：60% 的概率获得 15% 的投资收益率，40% 的概率获得 5% 的投资收益率，国库券的收益率为 6%，则该风险资产的风险报酬率可以通过（　　）计算。

A. 求收益的加权平均数　　　　B. 选择最大的收益率作为风险收益率

C. 收益的加权平均数加上国债收益率　　　　D. 收益的加权平均数减去国债收益率

21. 某公司年初购买债券 12 万元，利率 6%，单利计息，则第 4 年年末债券到期时的本利和是（　　）。

A. 2.88 万元　　　　B. 15.12 万元

C. 14.88 万元　　　　D. 3.12 万元

22. 某公司年初购买债券 12 万元，利率 6%，复利计息，则第 4 年年末债券到期时的本利和是（　　）。

A. 2.88 万元　　　　B. 15.15 万元

C. 14.88 万元　　　　D. 3.12 万元

23. 已知甲、乙两个方案投资收益率的期望值分别为 10% 和 12%，则甲、乙两方案风险大小的比较是（　　）。

A. 甲大　　　　B. 乙大

C. 一样大　　　　D. 无法确定

24. 某公司归还一笔借款，采取每年年末支付 10 万元，连续 5 年，利率 6%，复利计息，则相当于现在一次性支付金额为（　　）万元。

A. 50　　　　B. 53

C. 56.37　　　　D. 42.13

25. 某公司归还一笔借款，采取每年年末支付 10 万元，连续 5 年，利率 6%，复利计息，如果是在第 5 年年末，需要一次性支付的金额为（　　）万元。

A. 50　　　　B. 53

C. 56.37　　　　D. 42.13

26. 某投资者购买一项投资，约定从现在起每年年初投资 20 万元，连续 5 年，利率 6%，复利计息，到第 5 年年末一次可收取本息之和为（　　）万元。

A. 119.50　　　　B. 112

C. 112.74　　　　D. 119.50

27. 某投资者购买一种保险产品，约定从现在起每年年初缴纳 1 万元，连续 10 年，利率 6%，复利计息，不考虑税费，到第 10 年年末一次可收取本息之和为（　　）万元。

A. 13.98
B. 13
C. 10.6
D. 11.60

28. 某投资者购买一种理财产品，约定从现在起每年年初投资相同的金额，连续 10 年，利率 8%，复利计息，到第 10 年年末一次可收取本息之和 50 万元，则每年应该投资（　　）万元。

A. 3.451 5
B. 3.195 8
C. 5
D. 4

29. 某企业家打算在其母校建立一项奖学金，每年支付奖金 5 万元，现在投资利率为 8%，则该企业家应捐赠金额为（　　）万元。

A. 500
B. 62.5
C. 625
D. 无穷大

二、多项选择题

1. 下列各项中，属于普通年金形式的项目有（　　）。

A. 零存整取储蓄存款的整取额
B. 定期定额支付的养老金
C. 年资本回收额
D. 偿债基金

2. 下列项目中，可导致投资风险产生的原因有（　　）。

A. 投资成本的不确定性
B. 投资收益的不确定性
C. 投资决策的失误
D. 自然灾害

3. 按年金每次收付发生的时点不同分类，主要有（　　）。

A. 普通年金
B. 预付年金
C. 递延年金
D. 永续年金

4. 市场风险产生的原因有（　　）。

A. 高利率
B. 战争
C. 经济衰退
D. 通货膨胀

5. 在下列各项中，可以直接或间接利用普通年金终值系数计算出确切结果的项目有（　　）。

A. 偿债基金
B. 先付年金终值
C. 永续年金现值
D. 永续年金终值

6. 下列各项中，能够衡量风险的指标有（　　）。

A. 方差
B. 标准差
C. 期望值
D. 标准离差率

7. 递延年金的特点是（　　）。

A. 第一期没有支付额
B. 终值大小与递延期长短有关
C. 终值计算与普通年金相同
D. 现值计算与普通年金相同

8. 递延年金现值是自若干期后开始每期等额收付的现值之和，其计算公式为（　　）。

A. $P = A \times [(P/A, i, m+n) - (P/A, i, m)]$

B. $P = A \times [(P/A, i, m+n) - (P/F, i, m)]$

C. $P = A \times (P/A,i,n) \times (F/P,i,m)$

D. $P = A \times (F/A,I,n) \times (P/F,i,n)$

9. 风险和期望投资报酬率的关系是（　　）。

A. 期望投资报酬率 = 无风险报酬率 + 风险报酬率

B. 期望投资报酬率 = 无风险报酬率 × 风险报酬率

C. 期望投资报酬率 = 无风险报酬率 + 风险程度

D. 期望投资报酬率 = 无风险报酬率 + 风险报酬斜率 × 风险程度

10. 风险控制的主要方法有（　　）。

A. 多元经营　　B. 多元筹资

C. 加强成本控制　　D. 扩大市场

11. 下列属于导致企业经营风险的因素包括（　　）。

A. 市场销售预计下降 5% 左右　　B. 生产工人工资率可能会上涨 30%

C. 原材料价格预计下跌 5%　　D. 固定成本会增加 410%

12. 下列各项中，其数值等于即付年金终值系数的有（　　）。

A. $(P/A,i,n)(1+i)$　　B. $\{(P/A,i,n-1)+1\}$

C. $(F/A,i,n)(1+i)$　　D. $\{(F/A,i,n+1)-1\}$

13. 下列各项中，属于企业特有风险的有（　　）。

A. 经营风险　　B. 利率风险

C. 财务风险　　D. 汇率风险

14. 有甲、乙两个投资方案，其投资报酬率的期望值均为 18%，甲方案标准离差为 10%，乙方案标准离差为 20%，则（　　）。

A. 甲方案标准离差率小于乙方案　　B. 甲方案风险小于乙方案

C. 甲方案风险大于乙方案　　D. 甲、乙方案风险相同

15. 某公司拟购置一项房产，付款条件是：从第 7 年开始，每年年初支付 10 万元，连续支付 10 年。假设该公司的资金成本率为 10%，则相当于该公司现在一次性付款的金额可用以下（　　）公式求得。

A. $A \times [(P/A,i,n-m) \times (P/F,i,m)]$　　B. $A \times [(P/A,i,n+m) - (P/A,i,m)]$

C. $A \times [(P/A,i,n+m) - (P/A,i,n)]$　　D. $A \times [(P/A,i,m) \times (P/F,i,n)]$

16. 下列说法正确的是（　　）。

A. 方差是标准差的平方根　　B. 标准离差率等于方差除以期望值

C. 标准差是方差的平方根　　D. 标准离差率等于标准差除以期望值

17. 某公司年初购买债券 12 万元，利率 6%，单利计息，则第 4 年年末债券到期时的本利和是（　　）。

A. 2.88 万元　　B. 15.12 万元

C. 14.88 万元　　D. 3.12 万元

18. 某企业拟存入银行一笔款项，以备在 5 年内每年以 2 000 元的等额款项支付车辆保险费，利率 6%，关于该企业应存入金额的下列说法正确的是（　　）。

A. 11 274 元　　B. 8 425 元

C. 用复利终值系数计算　　D. 用年金现值系数计算

19. 某企业于年初存入 5 万元，在年利率为 12%，期限为 5 年，每半年复利一次的情况下，下列说法正确的是（　　）。

A. 实际利率是 24%

B. 每半年支付的利息是 3 000 元

C. 实际利率是 6%

D. 12.25%

20. 某企业拟进行一项存在一定风险的完整工业项目投资，有甲、乙两个方案可供选择。已知甲方案净现值的期望值为 1 000 万元，标准差为 300 万元；乙方案净现值的期望值为 1 200 万元；标准差为 330 万元。下列结论中不正确的是（　　）。

A. 甲方案优于乙方案

B. 甲方案的风险大于乙方案

C. 甲方案的风险小于乙方案

D. 无法评价甲、乙方案的风险大小

三、判断题

1. 一般来说，资金的时间价值是指没有通货膨胀条件下的投资报酬率。（　　）
2. 利率与货币时间价值率一样，一般包括三部分：纯利率、通货膨胀补偿率及风险收益率。（　　）
3. 在第一笔现金流量不是发生在初始时期的普通年金，都属于递延年金。（　　）
4. 国库券是一种几乎没有风险的有价证券，其利率可以代表资金的时间价值。（　　）
5. 资金成本是投资人对投入资金所要求的最低收益率，也可作为判断投资项目是否可行的取舍标准。（　　）
6. 普通年金现值是一系列复利现值之和。（　　）
7. 风险总是和收益并存，因此高风险的投资项目一定会带来高收益。（　　）
8. 人们在进行财务决策时，之所以选择低风险的方案，是因为低风险会带来高收益，而高风险的方案则往往收益偏低。（　　）
9. 市场风险是指市场收益率整体变化所引起的市场上所有资产的收益率的变动性，它是影响所有资产的风险，因而不能被分散掉。（　　）
10. 在有关资金的时间价值指标的计算过程中，普通年金现值与普通年金终值是互为逆运算的关系。（　　）
11. 根据财务管理的理论，必要投资收益等于期望投资收益、无风险收益和风险收益之和。（　　）
12. 在单利情况下，除年金计算利息外，每经过一个计息期所得到的利息也要计算利息，逐期滚算。（　　）
13. 若年复利期数大于 1，则实际利率大于名义利率。（　　）
14. 风险收益率等于风险价值系数乘以标准差。（　　）
15. 随着折现率的提高，未来某一款项的现值将逐渐增加。（　　）
16. 方差和标准差作为绝对数，只适用于期望值相同的决策方案风险程度的比较。（　　）
17. 当风险所造成的损失不能由该项目可能获得的收益抵消时，应当放弃该项投资。（　　）
18. 对于多个投资方案而言，无论各方案的期望值是否相同，标准离差率最大的方案一

定是风险最大的方案。 （ ）

19. 递延年金终值的大小与递延期无关，所以计算方法和普通年金终值的计算相同。 （ ）

20. 其他条件不变的情况下，企业财务风险大，投资者要求的预期报酬率就高，企业筹资的资本成本相应就大。 （ ）

21. 1 万元本金按 6% 单利计息，5 年后本息之和为 13 000 元。 （ ）

22. 1 万元本金按 6% 复利计息，5 年后本息之和为 13 000 元。 （ ）

23. 一项投资可以获得每年年末 10 万元的收益，连续 5 年，利率为 6%，按复利计息，则该项投资的价值为 42. 13 万元。 （ ）

24. 一项投资从现在起每年年初投资 20 万元，连续 5 年，利率 6%，复利计息，到第 5 年年末一次可收取本息之和为 119. 50 万元。 （ ）

25. 多元化筹资是控制风险的一项手段。 （ ）

26. 期望收益率越大的投资其风险越小。 （ ）

27. 某企业于年初存入 5 万元，在年利率为 12%，期限为 5 年，每半年复利一次的情况下，则实际利率是 24%。 （ ）

28. 期望投资收益率高的方案一定比投资收益率低的方案好。 （ ）

29. 投资风险低的方案一定比投资风险高的方案好。 （ ）

30. 某高校建立一项奖学金，每年支付 10 万元，在投资收益率为 10% 的条件下，需要投资 100 万元。 （ ）

四、业务分析题

1. (1) 某人将 10 000 元现金存入银行，若年利率为 7%，一年复利一次，8 年后的复利终值是多少？(2) 甲银行的复利率为 8%，每季度复利一次，则其实际利率是多少？(3) 某人准备存入银行一笔钱，以便在以后的 10 年中每年年末得到 20 000 元，若银行存款利率为 5%，计算该人目前应存入银行多少钱？

要求：计算以上各项指标。

2. 有两个投资额相等的项目可供选择，投资获利的有效期均为 10 年。第一个项目 10 年内每年年末可回收投资 20 000 元，第二个项目前 5 年每年年末回收 25 000 元，后 5 年每年年末回收 15 000 元，银行利率为 10%。

要求：请分析哪一个项目获利大？

3. 某企业拟采用融资租赁方式于 2019 年 1 月 1 日从租赁公司租入一台设备，设备款为 50 000 元，租期为 5 年，到期后设备归企业所有。双方商定，如果采取后付等额租金方式付款，则折现率为 16%；如果采取先付等额租金方式付款，则折现率为 14%。企业的资金成本率为 10%。

部分资金的时间价值系数，如表 2－1 所示。

表 2－1

i	10%	14%	16%
(F/A, i, 4)	4.641 0	4.921 1	5.066 5
(F/A, i, 4)	3.169 9	2.913 7	2.798 2
(F/A, i, 5)	6.105 1	6.610 1	6.877 1
(F/A, i, 5)	3.790 8	3.433 1	3.274 3
(F/A, i, 6)	7.715 6	8.535 5	8.977 5
(F/A, i, 6)	4.353 3	3.888 7	3.684 7

要求：

（1）计算后付等额租金方式下的每年等额租金额。

（2）计算后付等额租金方式下的5年租金终值。

（3）计算先付等额租金方式下的每年等额租金额。

（4）计算先付等额租金方式下的5年租金终值。

（5）比较上述两种租金支付方式下的终值大小，说明哪种租金支付方式对企业更为有利。

4. **资料一**：华天公司2019年1月1日向安全信托投资公司融资租赁一台万能机床，双方在租赁协议中指出：租期截至2024年12月31日；年租金5 600元，于每年年末支付一次；安全信托投资公司要求的利息及手续费率为5%。

资料二：华天公司2019年8月拟在某大学设立“华天奖学金”。奖励计划为：每年特等奖1名，金额为10 000元；一等奖2名，每名金额5 000元；二等奖3名，每名金额3 000元；三等奖4名，每名金额1 000元。目前银行存款年利率为4%，并预测短期内不会发生变动。

资料三：华天公司2019年1月1日向工商银行华安分行借入一笔款项，银行贷款年利率为6%，同时华天与该银行约定：前3年不用还本付息，但从2022年12月31日起至2026年12月31日止，每年年末要偿还本息20 000元。

要求：

（1）根据资料一，计算系列租金的现值和终值；如果年租金改为每年年初支付一次，再计算系列租金的现值和终值。

（2）根据资料二，分析华天公司为设立此项奖学金，应一次性存入银行多少钱？

（3）根据资料三，分析华天公司当初应向工商银行华安分行借入多少本金？至 2026 年 12 月 31 日，华天公司应向工商银行华安分行偿还多少本息？

5. 某企业准备投资开发新产品，资料如表 2－2 所示。

表 2－2

市场状况	概率	预计年报酬率（%）		
		A 产品	B 产品	C 产品
繁荣	0.3	30	40	50
一般	0.5	15	15	15
较差	0.2	0	－15	－30

要求：试计算投资开发各种新产品的风险大小，并进行比较。

五、讨论题

1. 如何确定货币时间价值率？
2. 如何比较住房按揭贷款中等额本金和等额本息的优劣？
3. 如何控制财务风险？

六、案例分析题

1. 田纳西镇的巨额账单案例分析

【背景与情境】如果你突然收到一张事先不知道的 1 267 亿美元的账单，你一定会大吃一惊，而这样的事情却发生在瑞士的田纳西镇的居民身上。纽约布鲁克林法院判决田纳西镇应向某美国投资者支付这笔钱。最初，田纳西镇的居民以为这是一件小事，但当他们收到账单时，却被这张巨额账单吓呆了。他们的律师指出，若高级法院支持这一判决，为偿还债务，所有田纳西镇的居民在其余生中，不得不靠吃麦当劳等廉价快餐度日。

田纳西镇的问题源于 1966 年的一笔存款。斯兰黑不动产公司在内部交换银行（田纳西镇的一家银行）存入了一笔 6 亿美元的存款。存款协议要求银行按每周 1% 的利率（复利）付息（难怪该银行第二年破产）。

1994 年，纽约布鲁克林法院作出判决：从存款日到田纳西镇对该银行进行清算的 7 年中，这笔存款应按每周 1% 的复利计息；而在银行清算后的 21 年中，这笔存款应按每年 8.54% 的复利计息。

问题：

（1）1 267 亿美元是如何计算出来的？

（2）如果利率为每周 1%，按复利计算，6 亿美元增加到 12 亿美元需多长时间？

（3）本案例对你有何启示？

2. P2P 的高利率与投资风险案例分析

【背景与情境】据海网贷行业门户网站网贷之家所整理的行业最新数据显示，截至 2017 年 10 月 31 日，全国已经有 1 474 家网贷运营平台，贷款额达到 744.14 亿元。这 1 000 多家 P2P 平台中，有问题平台数量达到 234 家。

由于 P2P 行业缺少监管和行规，一些不法分子瞄准漏洞，虚构借款人信息和历史数据等，以高利率、高回报为诱饵，通过虚假宣传、秒标等形式，吸收大量投资者资金后卷款潜逃。这类诈骗事件的特点是上线运营时间短，如国内最快的跑路平台“恒金贷”上线仅仅半天便失去联系。2018 年 8 月以来，据报道有多达 45 家 P2P 企业负责人因各种原因失联，仅 8 月 21 日当天跑路的平台就有 18 家。随着 7 月《关于促进互联网金融行业健康发展的指导意见》的出台，我们有理由相信在监管的驱动下，P2P 行业将逐步清理问题平台，向着规范、理性的方向发展。而投资者也需要擦亮双眼、谨慎投资，认真调查了解相关背景知识，警惕过高收益率的投资项目，妥善寻求资金保值与增值的渠道。

资料来源：P2P 网贷的黑历史中曾不止一次出现过庞氏骗局，网贷天下．2018 年 9 月 29 日．

问题：

（1）试对上述说法进行分析，并作出你的善恶研判。

（2）通过适当的途径搜集信息，判断本案例是否体现了会计职业道德规范，如果是，请具体说明体现了何种会计职业道德规范？

（3）本案例对你有哪些启示？

项目三 *Project 3*

筹资管理

一、单项选择题

1. 相对于股票筹资而言，银行借款的缺点是（　　）。
A. 筹资速度慢　　B. 筹资成本高
C. 筹资限制少　　D. 财务风险大

2. 企业发行信用债券时的最重要限制条件是（　　）。
A. 抵押条款　　B. 反抵押条款
C. 流动性要求条款　　D. 物资保证条款

3. 下列各项中，不属于融资租赁租金构成项目的是（　　）。
A. 租赁设备的价款　　B. 租赁期间利息
C. 租赁手续费　　D. 租赁设备维护费

4. 相对于负债融资方式而言，采用吸收直接投资方式筹措资金的优点是（　　）。
A. 有利于降低资金成本　　B. 有利于集中企业控制权
C. 有利于降低财务风险　　D. 有利于发挥财务杠杆作用

5. 某公司拟发行面值为 1 000 元，不计复利，5 年后一次还本付息，票面利率为 10% 的债券。已知发行时资金市场的年利率为 12%，（P/F，10%，5）= 0.620 9，（P/F，12%，5）= 0.567 4，（P/A，12%，5）= 3.604 8。则该公司债券的发行价格为（　　）元。
A. 851.10　　B. 907.84
C. 931.35　　D. 993.44

6. 在下列各项中，能够引起企业自有资金增加的筹资方式是（　　）。
A. 吸收直接投资　　B. 发行公司债券
C. 利用商业信用　　D. 留存收益转增资本

7. 一般而言，与融资租赁筹资相比，发行债券的优点是（　　）。
A. 财务风险较小　　B. 限制条件较少
C. 资本成本较低　　D. 融资速度较快

8. 比银行借款风险更大的筹资方式是（　　）。
A. 吸收直接投资　　B. 普通股筹资
C. 留存收益筹资　　D. 债权筹资

9. 在计算优先股成本时，下列各因素中，不需要考虑的是（　　）。

A. 发行优先股总额　　B. 优先股筹资费率

C. 优先股的优先权　　D. 优先股每年的股利

10. 下列各项中，运用普通股每股利润（每股收益）无差别点确定最佳资金结构时，需计算的指标是（　　）。

A. 息税前利润　　B. 营业利润

C. 净利润　　D. 利润总额

11. 在债券筹资中，属于筹资费用的是（　　）。

A. 利息支出　　B. 债券发行佣金

C. 利息抵税额　　D. 债券溢价摊销费用

12. 假定某公司本年营业收入为 1 000 万元，变动成本率为 40%，下年经营杠杆系数为 1.5，则该企业本年的固定性经营成本为（　　）万元。

A. 200　　B. 150

C. 600　　D. 100

13. 当财务杠杆系数为 1 时，下列表述正确的是（　　）。

A. 息税前利润增长率为 0　　B. 息税前利润为 0

C. 利息与优先股股息为 0　　D. 固定成本为 0

14. 优先股与债券资金成本计算的不同之处在于（　　）。

A. 优先股股息不能抵税　　B. 分母按实际发行额计算

C. 分子按面值计算　　D. 二者成本计算完全一致

15. 下列各项中，属于非经营性负债的是（　　）。

A. 应付账款　　B. 应付票据

C. 应付债券　　D. 应付销售人员薪酬

16. 某公司经营风险较大，准备采取一系列措施降低杠杆程度，下列措施中，无法达到这一目的的是（　　）。

A. 降低利息费用　　B. 降低固定成本水平

C. 降低变动成本　　D. 提高产品销售单价

17. 下列各项中，将会导致经营杠杆效应最大的情况是（　　）。

A. 实际销售额等于目标销售额　　B. 实际销售额大于目标销售额

C. 实际销售额等于盈亏临界点销售额　　D. 实际销售额大于盈亏临界点销售额

18. 某企业某年的财务杠杆系数为 2.5，息税前利润（EBIT）的计划增长率为 10%，假定其他因素不变，则该年普通股每股收益（EPS）的增长率为（　　）。

A. 4%　　B. 5%

C. 20%　　D. 25%

19. 如果企业一定期间内的固定生产成本和固定财务费用均不为零，则由上述因素共同作用而导致的杠杆效应属于（　　）。

A. 经营杠杆效应　　B. 财务杠杆效应

C. 复合杠杆效应　　D. 风险杠杆效应

20. 普通股和优先股筹资方式共有的缺点包括（　　）。

A. 财务风险大　　B. 筹资成本高
C. 容易分散控制权　　D. 筹资限制多

21. 企业向银行借款，年利率为6%，期限5年，借款费率为0.1%，企业所得税税率为25%，则企业向银行借款的实际成本为（　　）。

A. 6%　　B. 5.4%
C. 7.5%　　D. 4.504%

22. 企业发行债券，面值为1 000万元，票面利率为8%，期限5年，发行费率为1%，发行价格为1 010万元，企业所得税税率为25%，则该债券的实际成本为（　　）。

A. 6%　　B. 5.94%
C. 6.06%　　D. 8%

23. 企业发行优先股，面值为1 000万元，约定股息率为8%，期限5年，发行费率为2%，发行价格为1 050万元，企业所得税税率为25%，则该优先股的实际成本为（　　）。

A. 6%　　B. 7.78%
C. 6.06%　　D. 8%

24. 企业发行普通股，发行价格为12元/股，发行费率为3%，预计第一年股利为0.3元/股，股利增长率为5%，企业所得税税率为25%，则该普通股的实际成本为（　　）。

A. 2.5%　　B. 7.5%
C. 7.25%　　D. 7.58%

25. 企业发行普通股，发行价格为12元/股，发行费率为3%，预计第一年股利为0.3元/股，股利增长率为5%，企业所得税税率为25%，则该企业留存收益的实际成本为（　　）。

A. 2.5%　　B. 7.5%
C. 7.58%　　D. 条件不足，无法确定

26. 企业资本为债券、优先股、普通股和留存收益，个别资金成本分别为6%、8%、12%和11%，筹资比重分别为10%、10%、50%和30%，企业所得税税率为25%，则该企业加权资本成本为（　　）。

A. 6%　　B. 12%
C. 37%　　D. 10.7%

27. 公司2019年销售收入为2 000万元，变动成本率为50%，固定成本总额为800万元，公司负债总额为1 000万元，平均债务利息率为10%，所得税税率为20%，则2020年经营杠杆系数为（　　）。

A. 5　　B. 2
C. 10　　D. 3

28. 公司2019年销售收入为2 000万元，变动成本率为50%，固定成本总额为800万元，公司负债总额为1 000万元，平均债务利息率为10%，所得税税率为20%，则2020年财务杠杆系数为（　　）。

A. 5　　B. 2
C. 10　　D. 3

29. 公司2019年销售收入为2 000万元，变动成本率为50%，固定成本总额为800万

元，公司负债总额为 1 000 万元，平均债务利息率为 10%，所得税税率为 20%，则 2020 年总杠杆系数为（　　）。

A. 5　　B. 2

C. 10　　D. 3

30. 对于产品竞争较为激烈、销售困难的企业，其负债应该（　　）。

A. 增加　　B. 不变

C. 减少　　D. 难以确定

二、多项选择题

1. 普通股股东所拥有的权利包括（　　）。

A. 分享盈余权　　B. 优先认股权

C. 转让股份权　　D. 优先分配剩余资产权

2. 企业在负债筹资决策中，除了考虑资金成本因素外，还需要考虑的因素有（　　）。

A. 财务风险　　B. 偿还期限

C. 偿还方式　　D. 限制条件

3. 在计算个别资金成本时，需要考虑所得税抵减作用的筹资方式有（　　）。

A. 银行借款　　B. 长期债券

C. 优先股　　D. 普通股

4. 相对权益资金的筹资方式而言，长期借款筹资的缺点主要有（　　）。

A. 财务风险较大　　B. 资金成本较高

C. 筹资数额有限　　D. 筹资速度较慢

5. 相对于普通股股东而言，优先股股东可以优先行使的权利有（　　）。

A. 优先认股权　　B. 优先表决权

C. 优先分配股利权　　D. 优先分配剩余财产权

6. 留存收益是企业内源性股权筹资的主要方式，下列各项中，属于该种筹资方式特点的有（　　）。

A. 筹资数额有限　　B. 不存在资本成本

C. 不发生筹资费用　　D. 改变控制权结构

7. 与银行借款相比，下列各项中属于融资租赁筹资特点的是（　　）。

A. 资本成本低　　B. 融资风险小

C. 融资期限长　　D. 融资限制少

8. 留存收益筹资包括（　　）。

A. 提取盈余公积金　　B. 未分配利润

C. 送红股　　D. 资本公积

9. 普通股的资金成本较高的原因是（　　）。

A. 投资者要求有较高的投资报酬率　　B. 发行费较高

C. 普通股价值较高　　D. 普通股股利不具有抵税作用

10. 吸收直接投资的优点有（　　）。

A. 能提高企业的信誉和借款能力
B. 财务风险较小
C. 资本成本低
D. 不会分散企业控制权

11. 债券的发行价格与（　　）有关。

A. 面值
B. 公司规模
C. 利息和本金之和
D. 市场利率

12. 在计算下列各项资金的筹资成本时，需要考虑筹资费用的有（　　）。

A. 普通股
B. 债券
C. 长期借款
D. 留存收益

13. 下列各项因素中，能够影响公司资本成本水平的有（　　）。

A. 通货膨胀
B. 筹资规模
C. 经营风险
D. 资本市场效率

14. 资本成本包括（　　）。

A. 资金筹集费
B. 财务费用
C. 资金占用费
D. 资金费用

15. 普通股成本的确定方法有（　　）。

A. 股利增长模型法
B. 资本资产定价模型法
C. 市盈率法
D. 贴现现金流量法

16. 负债资金在资金结构中产生的影响是（　　）。

A. 降低企业资金成本
B. 加大企业财务风险
C. 具有财务杠杆作用
D. 分散股东控制权

17. 如果公司的资金来源全部为自有资金，且没有优先股存在，则公司的经营风险、财务风险表述正确的是（　　）。

A. 经营杠杆系数与财务杠杆系数都等于0，企业无任何风险
B. 财务杠杆系数等于1，企业无任何风险
C. 财务杠杆系数等于1，企业有经营风险
D. 财务杠杆系数等于1，企业也有财务风险

18. 公司2019年销售收入为2 000万元，变动成本率为50%，固定成本总额为800万元，公司负债总额为1 000万元，平均债务利息率为10%，所得税税率为20%，则2020年（　　）。

A. 经营杠杆系数为5
B. 财务杠杆系数为2
C. 总杠杆系数为10
D. 公司应该增加销售收入以降低未来经营风险

19. 下列各项中影响综合杠杆系数变动的因素有（　　）。

A. 固定成本
B. 单位边际贡献
C. 产销量
D. 固定利息

20. 下列项目中，同总杠杆系数成正比例变动的是（　　）。

A. 每股利润变动率
B. 产销量变动率
C. 经营杠杆系数
D. 财务杠杆系数

三、判断题

1. 资金成本是投资人对投入资金所要求的最低收益率，也可作为判断投资项目是否可行的取舍标准。（　）

2. 发行优先股的上市公司如不能按规定支付优先股股利，那么优先股股东也不能要求公司破产。（　）

3. 偿还到期债务是企业筹资的基本动机。（　）

4. 拥有“不参加优先股”股权的股东只能获得固定股利，不能参与剩余利润的分配。（　）

5. 权益资本被视为企业的永久性资本，是一种高成本低风险的资本来源。（　）

6. 吸收投资中的出资者都是企业的所有者，但他们对企业并不一定具有经营管理权。（　）

7. 债券面值应包括两个基本内容：币种和票面金额。（　）

8. 所有者权益是企业可以使用的资本，因此所有者权益就是资本金。（　）

9. 资本成本与资金时间价值是既有联系，又有区别的。（　）

10. 留存收益是企业经营中的内部积累，这种资金不是向外界筹措的，因而它不存在资本成本。（　）

11. 筹资渠道解决的是资金来源问题，筹资方式解决的是通过何种方式取得资金的问题，它们之间不存在对应关系。（　）

12. 企业负债比例越高，财务风险越大，因此负债对企业总是不利的。（　）

13. 在其他因素不变的情况下，固定成本越小，经营杠杆系数也就越小，而经营风险则越大。（　）

14. 如果企业的债务资金为0，则财务杠杆系数必等于1。（　）

15. 经营风险来自经营杠杆，而经营杠杆加大了企业经营风险。（　）

16. 当预计的息税前利润大于每股利润无差别的息税前利润时，负债筹资的普通股每股利润大。（　）

17. 为了降低总风险，在经营风险较大时，企业应该增加负债。（　）

18. 经营杠杆能够扩大市场和生产等不确定性因素对利润变动的影响。（　）

19. 最优资金结构是使企业筹资能力最强、财务风险最小的资金结构。（　）

20. 在优化资本结构的过程中，综合资本成本最小的方案一定是普通股每股利润最大的方案。（　）

21. 银行借款年利率为6%，借款费率为0.1%，企业所得税税率为25%，则企业银行借款的实际成本高于6%。（　）

22. 实际销售额等于盈亏临界点销售额将会导致经营杠杆效应最大。（　）

23. 应付债券属于非经营性负债。（　）

24. 资本成本低是融资租赁筹资的特点之一。（　）

25. 如果企业在一定期间内的固定生产成本和固定财务费用均不为零，则由上述因素共同作用而导致的杠杆效应属于复合杠杆效应。（　）

26. 财务杠杆系数等于1，企业无任何风险。 （ ）

27. 固定成本的高低会影响综合杠杆系数的大小。 （ ）

28. 负债资金可以降低企业综合资金成本。 （ ）

29. 相对于债券和股票，长期借款筹资的缺点是筹资速度较慢。 （ ）

30. 企业发行债券，面值为1 000万元，票面利率为8%，期限5年，发行费率为1%，发行价格为1 010万元，企业所得税税率为25%，则该债券的实际成本为6%。 （ ）

四、业务分析题

1. 某企业发行3年期企业债券，面值为1 000元，票面利率为10%，每年年末付息一次。

要求：分别计算市场利率为8%、10%、12%时每张债券的发行价格。

2. 甲公司在2019年1月1日采购了一批发票价格为600 000元的材料，发票上标明的付款条件为“2/20，n/50”，甲公司暂时资金比较紧张，如果要偿还材料款，需要向银行借款，银行借款利率为12%，而且要求公司在银行中保留20%的补偿性余额。

要求：

（1）该公司如果在1月21日付款，则需要支付多少元？

（2）该公司如果在2月20日付款，是否比1月21日付款划算，为什么？

3. 某企业发行债券、优先股、普通股筹集资金。发行债券 500 万元，票面利率 8%，筹资费用率 2%；优先股 200 万元，年股利率 12%，筹资费用率 5%；普通股 300 万元，筹资费用率 7%，预计下年度股利率 14%，并以每年 4% 的速度递增。若企业适用所得税税率为 25%。

要求：计算个别资金成本和综合资金成本。

4. 某企业只生产和销售 A 产品，其总成本习性模型为 Y = 10 000 + 3X。假定该企业 20X0 年度 A 产品销售量为 10 000 件，每件售价为 5 元；按市场预测 20X1 年 A 产品的销售数量将增长 10%。

要求：

（1）计算 20X0 年该企业的边际贡献总额。

（2）计算 20X0 年该企业的息税前利润。

（3）计算销售量为 10 000 件时的经营杠杆系数。

（4）计算 20X1 年息税前利润增长率。

（5）假定企业 20X0 年发生负债利息 5 000 元，且无优先股股息，计算 20X1 年综合杠杆系数。

5. 某公司拟筹资 1 000 万元，现有甲、乙两个备选方案。有关资料如表 3-1 所示。

表 3-1

筹资方式	甲方案	乙方案
长期借款	200 万元，资金成本 9%	180 万元，资金成本 9%
债券	300 万元，资金成本 10%	200 万元，资金成本 10.5%
普通股	500 万元，资金成本 12%	620 万元，资金成本 12%
合计	1 000 万元	1 000 万元

要求：通过比较资金成本法确定该公司的最佳资金结构。

6. 某公司 20X0 年 12 月 31 日的长期负债及所有者权益总额为 18 000 万元，其中，发行在外的普通股 8 000 万股（每股面值 1 元），公司债券 2 000 万元（按面值发行，票面年利率为 8%，每年年末付息，3 年后到期）。资本公积 4 000 万元，其余均为留存收益。20X1 年 1 月 1 日，该公司拟投资一个新的建设项目，需追加筹资 2 000 万元。现在有 A、B 两个筹资方案：A 方案，发行普通股，预计每股发行价格为 5 元；B 方案，按面值发行票面年利率为 8% 的公司债券（每年年末付息）。假定该建设项目投产后，20X1 年度公司可实现息税前利润 4 000 万元。公司适用的所得税税率为 25%。

要求：

（1）计算 A 方案下的下列指标。①增发普通股的股份数。②20X1 年公司的全年债券利息。

（2）计算 B 方案下 20X1 年公司的全年债券利息。

（3）①计算 A、B 两方案的每股利润无差别点。②为该公司作出筹资决策。

五、讨论题

1. 企业筹资为什么要采用多种方式组合筹资?
2. 如何控制企业一定时期的总风险?
3. 如何确定最佳资本结构?

六、案例分析题

1. 田大妈借钱难案例分析

【背景与情境】新蓉新公司（以下简称新蓉新）位于成都市近郊的新津县，拥有资产2亿多元，占有全国泡菜市场60%的份额。近年来，新蓉新却被流动资金的“失血”折磨得困苦不堪。总经理田玉文（人称田大妈）作为新蓉新的创始人，在由成都市委宣传部、统战部和市工商联联合召开的一次座谈会上大倒苦水。这位宣称“除了‘田玉文’认不到多少字”的企业家当场发问：“我始终弄不懂，像我们这样的企业，一年上税三四百万，解决了附近十几个县的蔬菜出路，安排了六七千农民就业，从来没有烂账，为啥就贷不到款?”

新蓉新最近的流动资金状况的确很成问题。四月、五月正是蔬菜收购和泡菜出厂的旺季，新蓉新在这段时间，每天从农民手中购进价值70余万元的大蒜、萝卜等蔬菜。田大妈坦言，她已经向农民打了400多万元的“白条”，这种状况让田大妈非常苦恼。她能有今天全靠一诺千金。在她看来，“白条”所带来的信誉损失是难以接受的。新蓉新从零开始做到今天，历史上只有工商银行的少量贷款，大部分资金是向“朋友”借的。也正是为了维护这种民间信用关系，田大妈近日一口气偿还了“朋友”的借款共2 000多万元。据说，现在新蓉新的民间借款已经偿清。这也正是新蓉新流动资金紧缺的主要原因之一。此外，为了引进设备建一个无菌车间，田大妈新近花了100多万元，购进土地110亩。近日，田大妈同她的长子——新蓉新董事长陈卫东，正为此发愁：如果筹不到800万元贷款，下一步收购四季豆的计划就没法实现了。

田大妈说，一周前，公司已向工商银行提出了800万元的贷款申请，但目前还没有动静。据田大妈说，新蓉新现有资产2.63亿元，资产负债率10%左右。另据新津县委办公室负责人介绍，该公司目前已签了3亿多元的供货合同，在国内增加了几百个网点，预计年内市场份额能达到80%。像这样的企业，银行为何惜贷呢?

银行信贷员胡大光认为，民营企业由于规模和实力较弱，产品市场竞争力有限，贷款难以完全收回，风险较大，这是大多数银行都不愿意给田大妈贷款的根本原因。

问题:

(1) 你认为胡大光的分析正确吗?

(2) 企业有哪些常见的筹资方式?

(3) 案例中田大妈的筹资目的有哪些?

(4) 田大妈主要的资金来源有哪些?

2. 克莱斯勒汽车优先股筹资案例分析报告

【背景与情境】克莱斯勒汽车公司曾在面临非常恶劣的环境时，成功地使用优先股为公司筹措到了巨额资金。

当时，由于接连发生亏损，公司的股价不断下降，其股票也越来越不被看好，甚至投资者对该公司是否还能生存下去都抱有强烈的怀疑态度。在这种情形下，投资者不愿再将资金投入该公司，除非他们能够得到某种优先受偿的地位。解决方案似乎只有发行债券和优先股，但当时克莱斯勒汽车公司的负债已达到了债券限制条款中的上限。鉴于此，公司只得排除了以债券筹资的想法而改用优先股，并适当提高了优先股的股息率。

公司通过采用种种鼓励发行的措施，使其优先股的发行获得了出乎意料的成功。这种优先股一上市就非常畅销，公司的发行额由原来预定的1.5亿美元，在市场前景看好的情况下提高到2亿美元。公司发行的全部优先股很快就被投资者如数吸纳了。

通过注入巨额的新生资金，公司的生产经营得到了彻底的改进。最终，公司扭亏为盈，彻底摆脱了原先的困境。

问题：

（1）请说明什么是优先股筹资？

（2）克莱斯勒汽车公司为什么要发行优先股筹资？

（3）请简要比较优先股筹资相对于普通股筹资、债券筹资的优势，并对打算发行优先股筹资的公司提出一些必要的建议和忠告。

3. 钱宝网非法集资案例

【背景与情境】近年来各类非法集资大案要案频发，2015 年有 e 租宝，2016 年是中晋系，2017 年倒下的则是钱宝网。钱宝网的主要经营模式为：为广告主提供集中投放广告和收集用户信息的平台，而用户则通过在网站上看广告做任务的形式来赚钱，但是用户在接任务前必须缴纳一定的保证金，这笔保证金从几元到几十万元都有，金额的多寡与最终领取的奖励相挂钩。

钱宝网并没有实质性的项目投资，唯一的利润来源是商户的广告投放。但是商户的广告投放根本不足以支撑起年化 40% 的投资回报率。这么高的收益率，不符合常理，就连投资大神巴菲特也只能做到将近 20% 的复合年化收益率。从本质上来看，是将新用户的保证金用作老用户的奖励，同时不断地造势宣传，以高收益吸引更多新的投资者，进而降低挤兑危机。

借新还旧的游戏，理论上只要资金链不断，就可以一直玩下去，但实际上是做不到的，平台的利润根本无法覆盖成本支出，这种平台往往有“庞氏骗局”的嫌疑。2017 年 12 月 26 日，钱宝网董事长张某来到南京市公安局投案自首，称自己“向投资人吸纳资金，如今无法兑付本金利息”；随后警方公布了初步调查结果：钱宝网以高额收益为诱饵，持续“借新还旧”向社会公众大量非法吸收资金，截至案发，未兑付集资参与人的本金数额达 300 亿元。

问题：

（1）试对上述说法进行分析，并作出你的善恶研判。

（2）通过适当的途径搜集信息，判断本案例是否体现了会计职业道德规范，如果是，请具体说明体现了何种会计职业道德规范？

（3）本案例对你有哪些启示？

4. 凌云整体橱柜公司筹资案例分析

【背景与情境】凌云整体橱柜公司是一家上市公司，专业生产和销售整体橱柜。近年来，该公司正好赶上我国经济快速发展的时期，居民兴起购房和装修热，其生产的不同类型的整体橱柜需求旺盛，销售收入增长迅速。公司预计北京及其周边地区的市场潜力较大，预计销售收入每年可增长 50% ~100%。所以，公司决定在 2016 年年底前，在北京郊区建成一座新厂。公司为此需要筹资 5 亿元，其中 2 000 万元可以通过公司自有资金解决，剩余的 4.8 亿元需要从外部筹资。2018 年 8 月 31 日，公司总经理周建召开总经理办公室会议，研究筹资问题，并要求财务经理陆华列出具体方案，以提交董事会会议讨论。

（1）公司在 2018 年 8 月 31 日的有关财务数据如下：①资产总额为 27 亿元，资产负债率为 50%。②公司有长期借款 2.4 亿元，年利率为 5%，每年年末支付一次利息。其中，6 000 万元将在 2 年内到期，其他借款的期限尚余 5 年。借款合同规定，公司资产负债率不得超过 60%。③公司发行在外的普通股有 3 亿股。④公司 2017 年完成净利润 2 亿元，2018 年预计全年可完成净利润 2.3 亿元，公司适用的所得税税率为 25%。假定公司一直采用固定股利分配政策，年股利为每股 0.6 元。

（2）公司财务经理陆华根据总经理办公室会议的意见设计了两套筹资方案：

方案一：以增发股票的方式筹资 4.8 亿元。公司目前的普通股每股市价为 10 元。拟增发股票每股定价为 8.3 元，扣除发行费用后，预计净价为每股 8 元。为此，公司需要增发 6 000 万股股票以筹集 4.8 亿元资金。为了给公司股东以稳定的回报，维护其良好的市场形象，公司仍将维持其设定的每股 0.6 元的固定股利分配政策。

方案二：以发行公司债券的方式筹资 4.8 亿元。鉴于目前银行存款利率较低，公司拟发行公司债券。设定债券年利率为 4%，期限为 10 年，每年付息一次，到期一次还本，发行总额为 4.9 亿元，其中预计发行费用为 1 000 万元。

问题：

（1）分析上述两套筹资方案的优缺点。

（2）请为该公司选出较佳的筹资方案。

5. HM 汽车制造公司筹资案例分析

【背景与情境】HM 汽车制造公司是一个多种经济成分并存，具有法人资格的大型企业集团。公司现有 68 个生产厂家，还有物资、销售、进出口、汽车配件等 9 个专业公司，3 个轻型汽车研究所和 1 所汽车工程学院。公司现在急需 1 亿元的资金用于轿车技术改造项目。为此，总经理刘飞于 2018 年 8 月 10 日召开由生产副总经理张鸣、财务副总经理王军、销售副总经理林斌、某信托投资公司金融专家周天、某经济研究中心经济学家李教授、某大学财务学者黄教授组成的专家研讨会，以讨论该公司的筹资问题。下面是他们的发言摘要和有关资料：

总经理刘飞首先发言："公司轿车技术改造项目经专家、学者的反复论证已被国家于 2007 年正式批准立项。这个项目的投资额预计为 4 亿元，生产能力为 4 万辆。项目改造完成后，公司的两个系列产品的各项性能可达到国际同类产品的先进水平。现在项目正在积极实施中，但目前资金不足，公司准备在 2018 年 12 月前筹措 1 亿元资金，请大家发表自己的意见，谈谈如何筹措这笔资金。"

生产副总经理张鸣说："目前筹集的 1 亿元资金，主要是用于投资少、效益高的技术改造项目。这些项目在 2 年内均能完成建设并正式投产，到时将大大提高公司的生产能力和产品质量，估计这笔投资在改造投产后 3 年内可完全收回。所以，公司应发行 5 年期的债券筹集资金。"

财务副总经理王军提出了不同意见。他说："目前公司全部资金总额为 10 亿元，其中自有资金 4 亿元，借入资金 6 亿元，自有资金比率为 40%，负债比率为 60%。这种负债比率在我国处于中等水平，与世界发达国家如美国、英国等相比也较高，如果再利用债券筹集 1 亿元资金，负债比率将达到 64%，显然负债比率过高，财务风险太大。所以，不能利用债券筹资，只能靠发行普通股或优先股筹集资金。"

但金融专家周天却认为："目前我国的资金市场还不够完善，证券一级市场和二级市场在许多方面还很不规范，投资者对股票投资还没有充分的认识，加之今年股市的'扩容'速度过快，因此在现有条件下，公司要发行 1 亿元普通股是很困难的。发行优先股还可以考虑，但根据目前的利率水平和生产情况来看，发行优先股时，年股息不能低于 16.5%，否则优先股也无法发行。如果发行债券，因公司要定期付息还本，投资者的风险较小，估计以

12% 的利率便可顺利发行。”

来自某经济研究中心的经济学家李教授认为：“目前我国的经济建设正处于改革开放的大好时期，我国已经加入世界贸易组织，汽车行业可能会受到冲击，销售量会受到影响。在进行筹资和投资时应考虑这一因素，不能盲目上马，否则后果可能不够理想。”

销售副总经理林斌认为：“公司在将来一段时期内，销售量不成问题。这是因为公司生产的中档轿车和微型车这几年来的销售量一直很好，畅销全国 29 个省、市、自治区，2017 年受进口汽车的影响，全国汽车滞销，但公司的销售状况仍然很好，居全国领先地位。在近几年全国汽车行业的质量评比中，公司的产品连续获奖。至于我国入关后，关税将大幅度下降，确实会给我国汽车行业带来冲击，但这种冲击已通过国家近年来逐步降低关税的政策得以逐步消化。所以，入关不会对公司的产品销售量产生大的影响。”

财务副总经理王军又说：“公司属于股份制试点企业，目前所得税税率为 25%，税后资金利润率为 16%，若这项技术的改造项目上马，由于采用了先进的设备，投产后预计公司的税后资金利润率将达到 18%。”所以，他认为这一技术改造项目应付诸实施。

来自某大学的财务学者黄教授听了大家的发言后指出：“以 16.5% 的股息率发行优先股不可行。因为发行优先股所花费的筹资费用较多，把筹资费用加上以后，预计利用优先股筹集资金的资金成本将达到 19%，这已高出公司税后资金利润率 1%，所以发行优先股不可行。但若发行债券，由于利息可以在税前支付，实际成本大约在 10% 左右。”他还指出：“目前我国正处于通货膨胀时期，利息率比较高，这时不宜发行较长时期的、负担较高的债券或股票。”所以，黄教授认为，公司应首先向银行筹措 1 亿元的技术改造贷款，期限为 1 年，1 年后再以较低的股息率发行优先股股票来替换技术改造贷款。

财务副总经理王军听了黄教授的分析后，也认为按 16.5% 发行优先股，的确会给公司带来沉重的财务负担。但他不同意黄教授后面的建议。他认为，在目前的条件下向银行筹措 1 亿元技术改造贷款几乎不可能；另外，通货膨胀在近 1 年内不会消除，要想消除通货膨胀，利息率就要有所下降，至少需要 2 年的时间。金融学家周天也同意王军的看法，他认为 1 年后利息率可能还要上升，2 年后利息率才会保持稳定或有所下降。

问题：

（1）归纳一下在这次筹资研讨会上，共提出了哪几种筹资方案？

（2）请分别对会上的几种筹资方案进行评价。

（3）请你为公司的筹资方案提出建议。

项目四 *Project 4*

投资管理

一、单项选择题

1. 项目投资决策中，完整的项目计算期是指（　　）。

A. 建设期　　B. 生产经营期

C. 建设期 + 达产期　　D. 建设期 + 生产经营期

2. 某投资项目原始投资额为100万元，使用寿命10年，已知该项目第10年的经营净现金流量为25万元，期满处置固定资产残值收入及回收流动资金共8万元，则该投资项目第10年的净现金流量为（　　）万元。

A. 8　　B. 25

C. 33　　D. 43

3. 下列指标的计算中，没有直接利用净现金流量的是（　　）。

A. 内含报酬率　　B. 投资利润率

C. 净现值率　　D. 获利指数

4. 长期投资决策中，不宜作为折现率进行投资项目评价的是（　　）。

A. 活期存款利率　　B. 投资项目的资金成本

C. 投资的机会成本　　D. 行业平均资金收益率

5. 在财务管理中，将企业为使项目完全达到设计生产能力，开展正常经营而投入的全部现实资金称为（　　）。

A. 投资总额　　B. 现金流量

C. 建设投资　　D. 原始总投资

6. 已知某投资项目按14%折现率计算的净现值大于0，按16%折现率计算的净现值小于0，则该项目的内含报酬率肯定（　　）。

A. 大于14%，小于16%　　B. 小于14%

C. 等于15%　　D. 大于16%

7. 某企业拟按15%的期望投资报酬率进行一项固定资产投资决策，所计算的净现值指标为100万元，资金时间价值为8%。假定不考虑通货膨胀因素，则下列表述中正确的是（　　）。

A. 该项目的获利指数小于1　　B. 该项目内含报酬率小于8%

C. 该项目风险报酬率为 7%　　D. 该企业不应进行此项投资

8. 某投资项目的项目计算期为 5 年，净现值为 10 000 万元，行业基准折现率为 10%，5 年期、折现率为 10% 的年金现值系数为 3.791，则该项目的年等额净回收额约为（　　）万元。

A. 2 000　　B. 2 638

C. 37 910　　D. 50 000

9. 下列各项中，不属于投资项目现金流出量内容的是（　　）。

A. 固定资产投资　　B. 折旧与摊销

C. 无形资产投资　　D. 新增经营成本

10. 如果某投资项目的相关评价指标满足以下关系：NPV > 0，NPVR > 0，PI > 1，IRR > IC，PP > n/2，则可以得出的结论是（　　）。

A. 该项目基本具备财务可行性　　B. 该项目完全具备财务可行性

C. 该项目基本不具备财务可行性　　D. 该项目完全不具备财务可行性

11. 已知某完整工业投资项目的固定资产投资为 2 000 万元，无形资产投资为 200 万元，开办费投资为 100 万元。预计投产后第二年的总成本费用为 1 000 万元，同年的折旧额为 200 万元、无形资产摊销额为 40 万元，计入财务费用的利息支出为 60 万元，则投产后第二年用于计算净现金流量的经营成本为（　　）万元。

A. 1 300　　B. 760

C. 700　　D. 300

12. 若某投资项目的建设期为零，则直接利用年金现值系数计算该项目内含报酬率指标所要求的前提条件是（　　）。

A. 投产后净现金流量为普通年金形式　　B. 投产后净现金流量为递延年金形式

C. 投产后各年的净现金流量不相等　　D. 在建设起点没有发生任何投资

13. 关于静态投资回收期特点的说法，正确的是（　　）。

A. 静态投资回收期只考虑了方案投资回收之前的效果

B. 静态投资回收期可以单独用来评价方案是否可行

C. 若静态投资回收期大于基准投资回收期，则表明该方案可以接受

D. 静态投资回收期越长，表明资本周转速度越快

14. 宏发公司股票的 β 系数为 1.5，无风险利率为 4%，市场上所有股票的平均收益率为 8%，则宏发公司股票的收益率应为（　　）。

A. 4%　　B. 12%

C. 8%　　D. 10%

15. 下列各项中，不能衡量证券投资收益水平的是（　　）。

A. 持有期收益率　　B. 到期收益率

C. 息票收益率　　D. 标准离差率

16. 相对于股票投资而言，下列项目中能够揭示债券投资特点的是（　　）。

A. 无法事先预知投资收益水平　　B. 投资收益率的稳定性较强

C. 投资收益率比较高　　D. 投资风险较大

17. 某上市公司预计未来 5 年股利高速增长，然后转为正常增长，则下列各项普通股评

价模型中，最适宜于计算该公司股票价值的是（　　）。

A. 股利固定模型　　B. 零成长股票模型

C. 二阶段模型　　D. 股利固定增长模型

18. 基金发起人在设立基金时，规定了基金单位的发行总额，筹集到这个总额后，基金即宣告成立，在一定时期内不再接受新投资，这种基金称为（　　）。

A. 契约型基金　　B. 公司型基金

C. 封闭式基金　　D. 开放式基金

19. 已知某公司股票的 β 系数为 0.5，短期国债收益率为 6%，市场组合收益率为 10%，则该公司股票的必要收益率为（　　）。

A. 6%　　B. 8%

C. 10%　　D. 16%

20. 投资者对股票、短期债券和长期债券进行投资，共同的目的是（　　）。

A. 合理利用暂时闲置资金　　B. 获取长期资金

C. 获取控股权　　D. 获取收益

21. 某投资项目第 3 年的销售收入为 500 万元，付现成本为 200 万元，净利润为 150 万元，折旧为 100 万元，则该年的经营净现金流量为（　　）万元。

A. 500　　B. 300

C. 150　　D. 250

22. 下列投资项目可行的是（　　）。

A. 内含报酬率 >10%　　B. 投资利润率 >10%

C. 净现值率 >10%　　D. 获利指数 >10%

23. 一项目投资额为 1 000 万元，净现值为 200 万元，则现值指数为（　　）。

A. 0.2　　B. 1 000 万元

C. 5%　　D. 1.2

24. 两个互斥投资项目，投资额相同，但是计算期间不同，选择最佳项目时采用（　　）。

A. 净现值　　B. 净现值率

C. 差额投资内含报酬率　　D. 年等额净回收额

25. 市场上某债券面值为 1 000 元，目前市价为 1 010 元，发行价格是 1 006 元，按 10% 贴现率计算的该债券未来现金流现值是 1 020 元，则债券价格在（　　）元时值得投资。

A. 1 000　　B. 1 020

C. 1 010　　D. 1 006

26. 市场上某股票面值为 10 元，目前市价为 12 元，按 10% 贴现率计算的该债券未来现金流现值是 15 元，则该股票价格在（　　）元时值得投资。

A. 10　　B. 12

C. 15　　D. 13.5

27. 某股票的每股收益是 0.5 元，目前股价是 12 元，行业平均市盈率是 30 倍，股票市场的平均市盈率是 20 倍，则股票价格在（　　）元以内值得投资。

A. 12　　B. 15

C. 10　　D. 13.5

28. 开放式基金的申购价格以（　　）为基础。

A. 单位净值　　B. 市场价格

C. 单位资产总值　　D. 单位资产账面价值

29. 投资者进行证券组合投资是希望降低（　　）。

A. 全部投资风险　　B. 系统风险

C. 非系统风险　　D. 经营风险

30. 投资者购入股票总价格为 80 万元，出售时净得 87 万元，持有期间获得税后红利 5 万元，不考虑红利所得税，则投资者的收益率为（　　）。

A. 8.75%　　B. 6.25%

C. 15%　　D. 115%

31. 投资者购入基金单位净值为 1 元/份，出售时单位净值为 1.02 元/份，持有期间获得分红 0.02 元/份，不考虑各种税费，则投资者投资该基金的收益率为（　　）。

A. 2%　　B. 4%

C. 0%　　D. 104%

32. 某投资者年初按 100 元价格购入某债券，第 3 年年末按 103 元价格出售，持有期间总共分得利息 18 元，不考虑其他税费，则该投资者的到期收益率为（　　）。

A. 6%　　B. 7%

C. 21%　　D. 6.93%

二、多项选择题

1. 某单纯固定资产投资项目的资金来源为银行借款，按照全投资假设和简化公式计算经营期某年的净现金流量时，要考虑的因素有（　　）。

A. 该年因使用该固定资产新增的净利润　　B. 该年因使用该固定资产新增的折旧

C. 该年回收的固定净产净残值　　D. 该年偿还的相关借款本金

2. 净现值法与现值指数法的共同之处在于（　　）。

A. 都是相对数指标，反映投资的效率

B. 都必须按预定的贴现率折算现金流量的现值

C. 都不能反映投资方案的实际投资收益率

D. 都没有考虑货币时间价值因素

3. 下列哪些指标属于折现的相对量评价指标（　　）。

A. 净现值率　　B. 现值指数

C. 投资利润率　　D. 内含报酬率

4. 若建设期不为 0，则建设期内各年的净现金流量可能会（　　）。

A. 等于 1　　B. 大于 1

C. 小于 0　　D. 等于 0

5. 在一般投资项目中，当一项投资方案的净现值等于 0 时，即表明（　　）。

A. 该方案的获利指数等于 1

B. 该方案不具备财务可行性

C. 该方案的净现值率大于0

D. 该方案的内含报酬率等于设定折现率或行业基准收益率

6. 若 NPV <0，则下列关系式中正确的有（　　）。

A. NPVR >0　　B. NPVR <0

C. PI <1　　D. IRR <i

7. 下列（　　）指标不能直接反映投资项目的实际收益水平。

A. 净现值　　B. 现值指数

C. 内含报酬率　　D. 净现值率

8. 净现值法的优点有（　　）。

A. 考虑了资金时间价值　　B. 考虑了项目计算期的全部净现金流量

C. 考虑了投资风险　　D. 可从动态上反映项目的实际投资收益率

9. 在建设期不为零的完整工业投资项目中，分次投入的垫支流动资金的实际投资时间可以发生在（　　）。

A. 建设起点　　B. 建设期末

C. 试产期起点　　D. 终结点

10. 内含报酬率是指（　　）。

A. 投资报酬与总投资的比率　　B. 项目投资实际可望达到的报酬率

C. 投资报酬现值与总投资现值的比率　　D. 使投资方案净现值为零的贴现率

11. 完整的工业投资项目的现金流入主要包括（　　）。

A. 营业收入　　B. 回收固定资产变现净值

C. 固定资产折旧　　D. 回收流动资金

12. 在单一方案决策过程中，与净现值评价结论可能发生矛盾的评价指标是（　　）。

A. 净现值率　　B. 投资利润率

C. 投资回收期　　D. 内含报酬率

13. 下列指标中，考虑到资金时间价值的是（　　）。

A. 净现值　　B. 现值指数

C. 内含报酬率　　D. 投资回收期

14. 在项目计算期不同的情况下，能够应用于多个互斥投资方案比较决策的方法有（　　）。

A. 差额投资内含报酬率法　　B. 年等额净回收额法

C. 最短计算期法　　D. 方案重复法

15. 与股票投资相比，债券投资的优点有（　　）。

A. 本金安全性好　　B. 投资收益率高

C. 购买力风险低　　D. 收入稳定性强

16. 在下列各项中，影响债券收益率的有（　　）。

A. 债券的票面利率、期限和面值　　B. 债券的持有时间

C. 债券的买入价和卖出价　　D. 债券的流动性和违约风险

17. 股票投资的收益包括（　　）。

A. 资本利得
B. 股利
C. 出售售价
D. 债券利息

18. 债券投资与股票投资相比（　　）。
A. 收益较高
B. 投资风险较小
C. 购买力风险低
D. 没有经营控制权

19. 企业进行股票投资的主要目的包括（　　）。
A. 获取稳定收益
B. 为了获得股利收入及股票买卖价差
C. 取得对被投资企业的控股权
D. 为配合长期资金的使用，调节现金余额

20. 投资者在计算基金投资收益率时，应考虑的因素有（　　）。
A. 年初持有基金份数
B. 年末持有基金份数
C. 年初基金单位净值
D. 年末基金单位净值

三、判断题

1. 项目投资的现金流量是指项目投资引起的库存现金和银行存款增加或减少量。（　　）

2. 在投资项目决策中，只要投资方案的投资利润大于零，该方案就是可行方案。（　　）

3. 项目投资中固定资产投资主要发生在建设期。（　　）

4. 资金成本是投资人对投入资金所要求的最低收益率，也可作为判断投资项目是否可行的取舍标准。（　　）

5. 投资利润率和静态的投资回收期这两个静态指标其优点是计算简单，容易掌握，且均考虑了现金流量。（　　）

6. 在评价投资项目的财务可行性时，如果静态投资回收期或投资利润率的评价结论与净现值指标的评价结论发生矛盾，应当以净现值指标的结论为准。（　　）

7. 计提折旧和无形资产摊销都会引起现金流入量增加。（　　）

8. 投资项目评价所运用的内含报酬率指标的计算结果与项目预定的贴现率高低有直接关系。（　　）

9. 如果某一投资方案按10%的贴现率计算的净现值大于零，那么，该方案的内含报酬率大于10%。（　　）

10. 在项目投资决策中，净现金流量是指经营期内每年现金流入量与同年现金流出量之间的差额所形成的序列指标。（　　）

11. 随着折现率的提高，未来某一款项的现值将逐渐增加。（　　）

12. 根据项目投资的理论，在各类投资项目中，运营期现金流出量中都包括固定资产投资。（　　）

13. 某投资项目各年的预计净现金流量分别为：$NCF_0=-200$ 万元，$NCF_1=-50$ 万元，$NCF_{2-3}=100$ 万元，$NCF_{4-11}=250$ 万元，$NCF_{12}=150$ 万元，则该项目包括建设期的静态投资回收期为2年。（　　）

14. 一般情况下，股票市场价格会随着市场利率的上升而下降，随着市场利率的下降而

上升。（　）

15. 通货膨胀情况下，债券比股票能更好地避免购买力风险。（　）

16. 在计算长期证券收益率时，应考虑资金时间价值因素。（　）

17. 根据财务管理理论，按照三阶段模型估算的普通股价值，等于股利高速增长阶段现值、股利固定增长阶段现值和股利固定不变阶段现值之和。（　）

18. 一般认为，企业进行短期债券投资的主要目的是控制被投资企业。（　）

19. 面值为 60 元的普通股股票，预计年固定股利收入为 6 元，如果折现率为 8%，那么，准备长期持有该股票的投资者能接受的购买价格为 60 元。（　）

20. 当股票投资期望收益率等于无风险投资收益率时，β 系数应等于 1。（　）

21. 某投资项目第 3 年的销售收入为 500 万元，付现成本为 200 万元，净利润为 150 万元，折旧为 100 万元，则该年的经营净现金流量为 250 万元。（　）

22. 两个互斥投资项目，投资额相同，但是计算期间不同，选择最佳项目时采用差额投资内含报酬率。（　）

23. 一债券目前市价为 1 010 元，按 10% 贴现率计算的该债券未来现金流现值是 1 020 元，则应该买入债券。（　）

24. 某股票的每股收益是 0.5 元，目前股价是 12 元，行业平均市盈率是 30 倍，股票市场的平均市盈率是 20 倍，则股票价格在 12 元以内值得投资。（　）

25. 某开放式基金的单位净值为 1.09 元，则该基金申购与赎回都以 1.09 元为基础计算申购价与赎回价。（　）

26. 计算投资项目某一年的营业现金净流量可根据该年的净利润 + 非付现成本计算。（　）

27. 投资者购入股票总价格为 80 万元，出售时净得 87 万元，持有期间获得税后红利 5 万元，不考虑红利所得税，则投资者的收益率为 115%。（　）

28. 如果两只股票价格波动方向完全一致，且幅度相同，则这两只股票构成的投资组合不能分散非系统风险。（　）

29. 某投资者年初按 100 元价格购入一份债券，第 3 年年底按 103 元价格出售，持有期间总共分得利息 18 元，不考虑其他税费，则该投资者的到期收益率为 21%。（　）

30. 项目投资以净利润总额大小作为评价和比较的基本依据。（　）

四、业务分析题

1. 某企业拟建造一项生产设备。预计建设期为 1 年，所需原始投资 200 万元于建设起点一次投入。该设备预计使用寿命为 5 年，使用期满报废清理时无残值。该设备采用直线折旧法。该设备投产后每年增加净利润 60 万元。假定适用的行业基准折现率为 10%。

要求：计算项目计算期内各年净现金流量。

2. 某企业计划进行某项投资活动，原始投资为150万元，其中固定资产投资为100万元，流动资金为50万元，全部资金于建设起点一次投入，经营期5年，到期残值收入为5万元，预计投产后的年营业收入为90万元，年总成本（包括折旧）为60万元。固定资产按直线法折旧，全部流动资金于终结点收回。该企业为免税企业，可以免交所得税。

要求：

（1）说明该方案资金投入的方式。

（2）计算该方案各年的净现金流量。

（3）计算该方案包括建设期的静态投资回收期。

3. 某企业拟进行一项固定资产投资，该项目的现金流量表（部分）如表4-1所示：

表4-1

单位：元

项目	建设期			经营期				合计
	0	1	2	3	4	5	6	
净现金流量	-1 000	-1 000	100	1 000	(B)	1 000	1 000	2 900
累计净现金流量	-1 000	-2 000	-1 900	(A)	900	1 900	2 900	-
折现净现金流量	-1 000	-943.4	89	839.6	1 425.8	747.3	705	1 863.3

要求：

（1）计算表4-1中用英文字母表示的项目的数值。

（2）计算或确定下列指标：①静态投资回收期；②净现值；③原始投资现值；④净现值率；⑤获利指数。

（3）评价该项目的财务可行性。

4. 已知：A 公司拟购买某公司债券作为长期投资（打算持有至到期日），要求的必要收益率为 6%。现有三家公司同时发行 5 年期，面值均为 1 000 元的债券。其中：甲公司债券的票面利率为 8%，每年付息一次，到期还本，债券发行价格为 1 041 元；乙公司债券的票面利率为 8%，单利计息，到期一次还本付息，债券发行价格为 1 050 元；丙公司债券的票面利率为 0，债券发行价格为 750 元，到期按面值还本。

部分资金时间价值系数如表 4－2 所示。

表 4－2

5 年	5%	6%	7%	8%
(P/F, 1, 5)	0. 783 5	0. 747 3	0. 713 0	0. 680 6
(P/A, 1, 5)	4. 329 5	4. 212 4	4. 1 00 0	3. 992 7

要求：

（1）计算 A 公司购入甲公司债券的价值和收益率。

（2）计算 A 公司购入乙公司债券的价值和收益率。

（3）计算 A 公司购入丙公司债券的价值。

（4）根据上述计算结果，评价甲、乙、丙三种公司债券是否具有投资价值，并为 A 公司作出购买何种债券的决策。

（5）若 A 公司购买并持有甲公司债券，1 年后将其以 1 050 元的价格出售，计算该项目的投资收益率。

5. 甲企业计划利用一笔长期资金投资购买股票。现有 M 公司股票和 N 公司股票可供选择，甲企业只准备投资一家公司股票。已知 M 公司股票现行市价为每股 9 元，上年每股股利为 0.15 元，预计以后每年以 6% 的增长率增长。N 公司股票现行市价为每股 7 元，上年每股股利为 0.60 元，股利分配政策将一贯坚持固定股利政策。甲企业所要求的投资必要报酬率为 8%。

要求：

（1）利用股票估价模型，分别计算 M、N 公司的股票价值。

（2）代甲企业作出股票投资决策。

6. ABC 公司是一个基金公司，相关资料如下：

资料一： 2019 年 1 月 1 日，ABC 公司的基金资产总额（市场价值）为 27 000 万元，其负债总额（市场价值）为 3 000 万元，基金份数为 8 000 万份。在基金交易中，该公司收取首次认购费和赎回费，认购费率为基金资产净值的 2%，赎回费率为基金资产净值的 1%。

资料二： 2019 年 12 月 31 日，ABC 公司按收盘价计算的资产总额为 26 789 万元，其负债总额为 345 万元，已售出 10 000 万份基金单位。

资料三： 假定 2019 年 12 月 31 日，某投资者持有该基金 2 万份，到 2020 年 12 月 31 日，该基金投资者持有的份数不变，预计此时基金单位净值为 3.05 元。

要求：

（1）根据资料一计算2019年1月1日ABC公司的下列指标：①基金净资产价值总额；②基金单位净值；③基金认购价；④基金赎回价。

（2）根据资料二计算2019年12月31日的ABC公司基金单位净值。

（3）根据资料三计算2020年该投资者的预计基金收益率。

五、讨论题

1. 如何比较选择两个或更多的投资项目？
2. 如何确定一个投资项目的现金流量？
3. 如何进行股票内在价值评估及投资决策？

六、案例分析题

1. 百货公司开设新分店的投资决策案例分析

【背景与情境】某百货公司投资部的经理向董事会呈交了以下增设新分店的资料：除了马上将要发生的原始投资，假定所有的现金流量都是年末发生的；调研工作到目前为止共耗费了30万元。

新分店的建筑物及各种配套设施的原始成本为200万元，预计可使用20年，采用直线法计提折旧。在项目周期末，该分店的建筑物及各种配套设施预计能以70万元的价格转让。分店另外还租用某设施，预计每年租金为20万元。百货公司为了协调管理新店，将增加40万元的原始净劳动资金投资。估计从新分店取得的年收入为180万元，同时由于该新分店的开设，会使距离不远的公司的另一个分店的年收入下降20万元；新分店每年发生的付现经营成本为90万元（不包括设施每年的租金20万元）。

公司所得税税率为25%，税后资本成本（要求报酬率）为10%。

李长安认为，调研费用是因为决定是否要开设新分店而花费的，所以应该看成是新分店的建设期现金流量，即：

新分店的现金流出量 = -(200 + 30 + 40) = -270（万元）

另外，新分店每年的营业收入为180万元，即新分店取得的销售收入。

问题：

（1）你认为李长安的分析是否正确？

（2）第20年年末新分店的建筑物及配套设施转让收入如何计算？

（3）请计算该新分店的静态投资回收期、投资收益率、净现值与现值指数，并用后两者进行决策评价。

2. 稀有矿藏开采时机决策案例分析

【背景与情境】东方股份有限公司（以下简称东方公司）在东北某地拥有一处稀有矿藏，这种矿产品属于稀缺资源，价格在不断上升。根据预测，4 年以后该矿产品的价格将上涨 30%。因此，东方公司要研究是现在开采矿藏还是以后开采矿藏的问题。无论是现在开采矿藏还是以后开采矿藏，初始投资均相同，发生在投资的第 1 年年初，建设期为 1 年，从第 2 年开始投产，投产后 5 年就把矿藏全部开采完。假定销售收入与付现成本都在每年年末发生或支付。东方公司的资本成本为 10%，适用所得税税率为 25%。其他有关资料见表 4 – 3。

表 4 – 3　　东方公司开采矿藏项目相关资料金额　　单位：万元

项目	金额
固定资产投资	8 000
营运资金垫支	1 000
固定资产残值	0
年产销量（吨）	20 000
现投资开发每吨售价	1
4 年后开发每吨售价	1.3
每年付现成本	6 000

问题：

（1）分析现在开采方案的项目计算期，并制定相应的“现金流量分布表”。

（2）分析 4 年以后开采的项目计算期，并制定相应的“现金流量分布表”。

（3）以净现值为依据，为东方公司何时开采稀有矿藏决策提供建议。

3. 纺织服装企业盲目扩张，因产能过剩导致相继倒闭案例分析

【背景与情境】2018 年以来，国内一些大型纺织服装企业相继倒闭，尤其是温州庄吉集团的倒闭，令这个国内就业人口最多的支柱产业再次风声鹤唳，处于大环境下的泉州纺织服装产业也无法独善其身。

据了解，2018 年利郎上半年关店 15 家，安踏下半年将关店 40 家，九牧王上半年关店 134 家，七匹狼截至 2018 年门店减少 519 家，泉州纺织服装企业也进入了深度结构调整的阶段。业界人士称，未来政府、银行、企业携手共渡难关，仍然是纺织服装产业稳定和发展的主基调。而据一些纺织企业老板分析，此轮行业遭遇的困境，与 2010 年以来的产能扩张潮有关。过量的扩张导致产能过剩，不少企业订单大幅下滑，每台花费上千万元购置的天价进口设备处于闲置状态，加上库存棉花价格剧降，很多纺织企业前几年赚的钱瞬间归零。

与此同时，人工成本在短短 5 年内翻了一倍多，纺织服装业是典型的劳动密集型行业，人工成本上涨给企业经营带来了巨大压力。此外，一些企业现金流量不足，周转困难，为了维持正常生产，发放工人工资，维持公司形象，老板将目光瞄向所谓的投资公司，高利借贷，这种“拆东墙补西墙”的行为，让企业加速走上不归路。

问题：

（1）试对上述说法进行分析，并作出你的善恶研判。

（2）通过适当的途径搜集信息，判断本案例是否体现了会计职业道德规范，如果是，请具体说明体现了何种会计职业道德规范？

（3）本案例对你有哪些启示？

4. 2018 年股票型基金业绩冠军收益竟是负值案例分析

【背景与情境】2018 年进入尾声，对于股票型基金经理们来说，这个时候往往是最开心的，业绩一般的有钱拿，稍微好一点勉强拿了个名次的就能名利双收，要是进了前十或者拿了冠军，之后几年就不缺吹嘘资本了。拿最近三年数据看，2015 年股基冠军收益率是 107.38%，2016 年股基冠军收益率是 17.96%；2017 年股基冠军收益率是 64.97%。这里面 2015 年有牛市的因素在，但 2016 年是实实在在的股灾年，还赶上了熔断，就算如此也还有近 20% 的收益。

而截至 2018 年 12 月 17 日，股票型基金收益排名第一的（剔除转型基金和年内成立的基金）暂时为上投摩根医疗健康，2018 年来的收益率为 -1.60%。对，你没看错，冠军收益竟然是负的，冠军争夺战已经变成了名副其实的正收益保卫战。

究其原因，主要有两点。一是有硬性规定股票型基金的仓位下限是 80%，简单点说就是必须要重仓，二是下半年医药板块大跌。从 7 月长生生物被曝假疫苗开始，之后要么是体检机构冒出“假医生”，要么是芬太尼类物质管控，要么是“4 +7”城市大量采购降价超预期，要么是对辅助用药的临床应用管理。黑天鹅已经不足以形容了，末日降临更贴切些。恰好医药板块一向是机构的最爱，也是机构重仓地，在 2018 年上半年主动偏股基金业绩 50 强榜单中，60% 以上为与医疗保健相关基金。所以上半年还能笑对市场的基金经理人通通傻了眼。

资料来源：和讯名家．大跌眼镜，股票型基金业绩冠军收益竟是负值！和讯网，2018 年 12 月 19 日．

问题：

（1）什么是股票型基金？

（2）2018 年股票型基金的投资收益率较差的原因是什么？

5. 上市皖企“炒股记”：多家亏损案例分析

【背景与情境】有一个群体，他们既是A股市场的标的，又是“炒股”的参与者，他们就是各家上市公司。随着2018年中报披露脚步的加快，一些上市公司投资股市的收益报表也得以“露出水面”。目前公布半年报的上市皖企中，皖维高新2018年上半年投资6只股，目前全部处于账面亏损状态。

记者梳理大众证券报和财信网发现，上半年投资股票出现账面亏损的公司，包括兰州黄河、宝新能源、华西股份、民生控股、皖维高新、祥龙电业、罗牛山等。

在上市皖企中，皖维高新上半年在证券投资上也出现亏损。皖维高新的中报证券投资情况显示，上半年持有6只股票，太平洋、中国太保、苏宁云商、兴蓉环境、铁龙物流和中国重工，全部账面亏损，合计890.24万元，浮亏比例11.37%。

具体来看，皖维高新在太平洋、中国太保和苏宁云商这三只股票上的亏损额较大，都在百万元之上。以持有的太平洋为例，125.7万股共花掉皖维高新1 945.47万元，但上半年期末，该股的账面市值为1 624.04万元，账面损益为－321.43万元。

综合来看，皖维高新2018年上半年投资股票7 820.8万元，持有股数为471.89万股，但期末账面市值仅为6 930.56万元，“蒸发”了890.24万元。

资料来源：丁林．上市皖企“炒股记”：多家亏损华茂“打新”赚了28万元，凤凰网，2018年8月4日．

问题：

（1）试对上述说法进行分析，并作出你的善恶研判。

（2）通过适当的途径搜集信息，判断本案例是否体现了会计职业道德规范，如果是，请具体说明体现了何种会计职业道德规范。

（3）本案例对你有哪些启示？

项目五 *Project 5*

营运资金管理

一、单项选择题

1. 利用成本分析模式确定最佳现金持有量时，不予考虑的因素是（　　）。

A. 持有现金的机会成本　　B. 现金短缺成本

C. 现金与有价证券的转换成本　　D. 现金管理费用

2. 下列各项中，属于应收账款机会成本的是（　　）。

A. 应收账款占用资金的应计利息　　B. 客户资信调查费用

C. 坏账损失　　D. 收账费用

3. 采用 ABC 法对存货进行控制时，应当重点控制的是（　　）。

A. 数量较多的存货　　B. 占用资金较多的存货

C. 品种较多的存货　　D. 库存时间较长的存货

4. 下列各项中，属于现金支出管理方法的是（　　）。

A. 银行业务集中法　　B. 合理运用“浮游量”

C. 账龄分析法　　D. 邮政信箱法

5. 下列关于流动资产和流动负债的说法中，错误的是（　　）。

A. 流动资产具有占有时间短、周转快，收益高等特点

B. 企业拥有较多的流动资产，可在一定程度上降低财务风险

C. 流动负债又称短期负债，具有成本低，偿还期短的特点

D. 流动负债以应付金额是否确定为标准，可以分为应付金额确定的流动负债和应付金额不确定的流动负债

6. 企业进行短期债券投资的主要目的是（　　）。

A. 调节现金余缺、获取适当收益　　B. 获得对被投资企业的控制权

C. 增加资产流动性　　D. 获得稳定收益

7. 假设某企业预测的年赊销额为 2 000 万元，应收账款平均收账天数为 45 天，变动成本率为 60%，资金成本率为 8%，一年按 360 天计，则应收账款的机会成本为（　　）万元。

A. 250　　B. 200

C. 15　　D. 12

8. 以下各项与存货有关的成本费用中，不影响经济进货批量的是（　　）。

A. 专设采购机构的基本开支　　B. 采购员的差旅费

C. 存货资金占用费　　D. 存货的保险费

9. 与现金持有量成正比例的成本是现金的（　　）。

A. 机会成本　　B. 短缺成本

C. 管理成本　　D. 转换成本

10. 企业为了加速应收账款的回收，提供了现金折扣，对于未接受现金折扣的客户占用的应收账款的机会成本将（　　）。

A. 下降　　B. 不变

C. 增加　　D. 难以判断

11. 企业评价客户等级，决定给予或拒绝客户信用的依据是（　　）。

A. 信用标准　　B. 收账政策

C. 信用条件　　D. 信用政策

12. 企业放宽信用标准带来的后果之一是应收账款的（　　）。

A. 坏账损失增加　　B. 销售收入下降

C. 机会成本下降　　D. 管理成本下降

13. 持有过量的现金产生的好处是（　　）。

A. 现金机会成本下降　　B. 现金管理成本下降

C. 现金持有总成本下降　　D. 现金短缺成本下降

14. 信用标准是客户获得企业商业信用所具备的最低条件，通常表示为（　　）。

A. 预期的现金折扣率　　B. 预期的坏账损失率

C. 现金折扣期限　　D. 信用期限

15. 下列各项中，不直接影响保险储备量计算的是（　　）。

A. 平均每天正常耗用量　　B. 预计最长订货提前期

C. 预计每天最小耗用量　　D. 正常订货提前期

16. 下列各项中，与丧失现金折扣的机会成本呈反向变化的是（　　）。

A. 现金折扣率　　B. 折扣期

C. 信用标准　　D. 信用期

17. 运用成本模型计算最佳现金持有量时，下列公式中，正确的是（　　）。

A. 最佳现金持有量 = min(管理成本 + 机会成本 + 转换成本)

B. 最佳现金持有量 = min(管理成本 + 机会成本 + 短缺成本)

C. 最佳现金持有量 = min(机会成本 + 经营成本 + 转换成本)

D. 最佳现金持有量 = min(机会成本 + 经营成本 + 短缺成本)

18. 下列各项中，不属于现金支出管理措施的是（　　）。

A. 推迟支付应付款　　B. 企业社会责任

C. 以汇票代替支票　　D. 争取现金收支同步

19. 某公司按照2/20，N/60 的条件从另一公司购入价值1 000 万元的货物，由于资金调度的限制，该公司放弃了获取2% 现金折扣的机会，公司为此承担的信用成本率是（　　）。

A. 2.00%　　B. 12.00%

C. 12.24%　　D. 18.37%

20. 根据经济订货批量的基本模型，下列各项中，可能导致经济订货批量提高的是（　　）。

A. 每期对存货的总需求降低　　B. 每次订货费用降低

C. 每期单位存货存储费降低　　D. 存货的采购单价降低

21. 企业2020年预计流动资产总额为1 500万元，流动负债为1 300万元，年末现金余额为500万元，则2020年净营运资金为（　　）万元。

A. 1 500　　B. 1 300

C. 200　　D. 1 000

22. 企业2020年预计平均现金余额为500万元，对应的机会成本为50万元，短缺成本为20万元，转换成本为10万元，管理成本为15万元，在成本分析模式中，则2020年持有现金500万元的成本总额为（　　）万元。

A. 95　　B. 70

C. 85　　D. 25

23. 企业2020年预计平均现金余额为500万元，对应的机会成本为50万元，短缺成本为20万元，转换成本为10万元，管理成本为15万元，在现金管理存货分析模式中，2020年持有现金500万元的成本总额为（　　）万元。

A. 95　　B. 60

C. 85　　D. 25

24. 企业2020年预计平均现金余额为500万元，企业借款平均资金利率为5%，权益资本成本率为8%，有价证券投资收益率为10%，企业净资产收益率为12%，则2020年现金的机会成本为（　　）万元。

A. 25　　B. 40

C. 50　　D. 60

25. 在ABC存货管理法中，企业某类存货总量约占企业全部存货的2%，总价值占全部存货的50%，则该存货应该归属于（　　）类存货。

A. A　　B. B

C. C　　D. 无法确定

26. 企业产品全部采取赊销方式销售，2020年预计赊销额为8 000万元，全部产品生产成本为6 000万元，其中固定成本为2 000万元，其余为变动成本，有价证券投资收益率为10%，则2020年应收账款的机会成本为（　　）万元。

A. 25　　B. 40

C. 50　　D. 60

27. 不属于应收账款管理成本的是（　　）。

A. 信用调查费用　　B. 账簿记录费用

C. 坏账损失　　D. 收账费用

28. 现金折扣通常表示为"3/10、N/30"，其中3/10中的3表示（　　）。

A. 30%　　B. 3

C. 3%　　D. 97%

29. 企业采购部门发生的办公费属于存货成本的是（　　）。

A. 固定订货费用　　B. 变动订货费用

C. 固定储存成本　　D. 变动储存成本

30. 企业接到一份订单，单价是 10 元，订货量是 10 万件，企业单位生产成本是 5 元，但是企业存货量为 0，则该订单产生的 50 万元属于（　　）。

A. 订货费用　　B. 变动订货费用

C. 储存成本　　D. 缺货成本

二、多项选择题

1. 企业在确定为应付紧急情况而持有现金数额时，需考虑的因素有（　　）。

A. 企业销售水平的高低　　B. 企业临时举债能力的强弱

C. 金融市场投资机会的多少　　D. 企业现金流量预测的可靠程度

2. 应收账款信用条件的组成要素有（　　）。

A. 信用期限　　B. 现金折扣期

C. 现金折扣率　　D. 商业折扣

3. 存货的主要成本包括（　　）。

A. 进货成本　　B. 缺货成本

C. 储存成本　　D. 管理成本

4. 企业为应付紧急情况所持有的现金余额主要取决于（　　）。

A. 企业愿意承担风险的程度　　B. 企业临时举债能力的强弱

C. 企业对现金流量预测的可靠程度　　D. 企业的销售水平

5. 货币资金日常管理应注意（　　）。

A. 缩短收款时间　　B. 推迟付款日期

C. 利用闲置资金　　D. 尽量不用货币资金

6. 持有过量现金可能导致的不利后果不包括（　　）。

A. 财务风险加大　　B. 收益水平下降

C. 偿债能力下降　　D. 资产流动性下降

7. 在企业应收账款管理中，明确规定了信用期限、折扣期限和现金折扣率等内容的是（　　）。

A. 客户资信程度　　B. 收账政策

C. 信用等级　　D. 信用条件

8. 下列各项中，属于建立存货经济进货批量基本模型假设前提的有（　　）。

A. 一定时期的进货总量可以较为准确地预测

B. 允许出现缺货

C. 仓储条件不受限制

D. 存货的价格稳定

9. 缺货成本是指由于不能及时满足生产经营需要而给企业带来的损失，它们包括（　　）。

A. 商誉（信誉）损失　　B. 延期交货的罚金

C. 采取临时措施而发生的超额费用　　D. 停工待料损失

10. 赊销在企业生产经营中所发挥的作用有（　　）。

A. 增加现金　　B. 减少存货

C. 促进销售　　D. 减少借款

11. 下列属于存货的变动储存成本的有（　　）。

A. 存货占用资金的应计利息　　B. 紧集额外购入成本

C. 存货的破损变质损失　　D. 存货的保险费用

12. 缩短信用期有可能会使（　　）。

A. 销售额增加　　B. 应收账款减少

C. 收账费用增加　　D. 坏账损失减少

13. 存货的功能主要包括（　　）。

A. 防止停工待料　　B. 适应市场变化

C. 降低进货成本　　D. 维持均衡生产

14. 运用成本分析模式确定最佳现金持有量时，持有现金的相关成本包括（　　）。

A. 机会成本　　B. 转换成本

C. 短缺成本　　D. 管理成本

15. 企业如果延长信用期限，可能导致的结果有（　　）。

A. 扩大当期销售　　B. 延长平均收账期

C. 增加坏账损失　　D. 增加收账费用

16. 企业在为存货设置保险储备量的时候需要考虑的因素有存货的（　　）。

A. 日均正常用量　　B. 日最大用量

C. 订货提前期　　D. 订货周期

17. 在确定因放弃现金折扣而发生的信用成本时，需要考虑的因素有（　　）。

A. 数量折扣百分比　　B. 现金折扣百分比

C. 折扣期　　D. 信用期

18. ABC 分类法的标准主要有（　　）。

A. 重量　　B. 金额

C. 品种数量　　D. 体积

19. 决定存货经济进货批量的成本因素主要包括（　　）。

A. 变动性进货费用　　B. 变动性储存成本

C. 固定性储存成本　　D. 允许缺货时的缺货成本

20. 应收账款的主要功能有（　　）。

A. 促进销售　　B. 阻碍销售

C. 减少存货　　D. 增加存货

三、判断题

1. 企业营运资金余额越大，说明企业风险越小，收益率越高。（　　）

2. 营运资金就是流动资产。（　　）

3. 持有货币资金的成本包括持有成本、转换成本、短缺成本、管理成本。 (　　)

4. 企业之所以持有一定数量的现金，主要是出于交易动机、预防动机和投机动机的目的。 (　　)

5. 能够使企业的进货费用、储存成本和缺货成本之和最低的进货批量，便是经济进货批量。 (　　)

6. 企业是否延长信用期限，应将延长信用期后增加的销售利润与增加的机会成本、管理成本和坏账成本进行比较。 (　　)

7. 现金收款管理的主要任务是加速现金流入企业。 (　　)

8. 流动资产所需资金应该全部用短期负债获得。 (　　)

9. 增加收账费用，就会减少坏账损失，当收账费用增加到一定程度时，就不会发生坏账损失。 (　　)

10. 存货的取得成本是由购置成本和订货成本两部分构成的，这两部分成本都是实际发生的，都是存货控制决策中的相关成本。 (　　)

11. 流动资金在企业正常经营中是必需的，企业的流动资金，特别是其中的货币资金越多越好。 (　　)

12. 存货 ABC 控制法中，C 类物资是指数量少、价值低的物质。 (　　)

13. 企业采用严格的信用标准，虽然会增加应收账款的机会成本，但能扩大商品销售额，从而给企业带来更多的收益。 (　　)

14. 在存货管理模式下，使持有现金总成本最低的现金持有量就是最佳现金持有量。

(　　)

15. 企业的存货总成本随着订货批量的增加而呈正方向变化。 (　　)

16. 催收账款费用属于应收账款管理成本。 (　　)

17. 企业流动资产越多，经营越稳健，但是盈利能力也相对越弱。 (　　)

18. 应收账款的成本包括主营业务成本。 (　　)

19. 应收账款占用资金的应计利息属于应收账款的机会成本。 (　　)

20. 在其他因素不变的情况下，企业采用积极的收账政策，可能导致收账费用增加。

(　　)

21. 营运资金是速动资产总额减去流动负债总额的余额。 (　　)

22. 持有过量现金可能使现金的机会成本过大。 (　　)

23. 现金持有量越大，短缺成本也越大。 (　　)

24. 现金日常管理的重要任务之一是要加速企业现金流入。 (　　)

25. 企业 2020 年预计平均现金余额为 500 万元，企业借款平均资金利率为 5%，则 2020 年现金的机会成本为 25 万元。 (　　)

26. 企业 2020 年预计流动资产总额为 1 500 万元，流动负债为 1 300 万元，年末现金余额为 500 万元，则 2020 年净营运资金为 200 万元。 (　　)

27. 收账费用属于应收账款的管理成本。 (　　)

28. 增加收账费用往往会降低坏账损失。 (　　)

29. 在 ABC 存货管理方法中，一项存货数量占企业全部存货的 2%，金额也占全部存货的 2%，则该存货属于 A 类存货。 (　　)

30. 在年均进货总量不变的条件下，企业减少进货次数会加大存货储存成本。　(　　)

四、业务分析题

1. 已知：某公司现金收支平稳，预计全年（按360天计算）现金需要量为250 000元，现金与有价证券的转换成本为每次500元，有价证券年利率为10%。

要求：

（1）计算最佳现金持有量。

（2）计算最佳现金持有量下的全年现金管理总成本、全年现金转换成本和全年现金持有机会成本。

（3）计算最佳现金持有量下的全年有价证券交易次数和有价证券交易间隔期。

2. 大力公司现有甲、乙、丙、丁四种现金持有量方案，它们各自的机会成本率、短缺成本和管理成本如表5－1所示。

表5－1　现金持有量备选方案　　金额单位：元

项目＼方案	甲	乙	丙	丁
现金持有量	60 000	120 000	180 000	240 000
机会成本率（%）	8	8	8	8
短缺成本	22 400	12 950	4 500	0
管理成本	45 000	45 000	45 000	45 000

假设该公司向有价证券投资的收益率为8%。

要求：计算这四种现金持有量方案各自的总成本，进而为大力公司作出最佳现金持有量决策提供建议。

3. 某企业预测2020年度销售收入净额为4 500万元，现销与赊销比例为1∶4，应收账款平均收账天数为60天，变动成本率为50%，企业的资金成本率为10%。一年按360天计算。

要求：

（1）计算2020年度赊销额。

（2）计算2020年度应收账款的平均余额。

（3）计算2020年度维持赊销业务所需要的资金额。

（4）计算2020年度应收账款的机会成本额。

（5）若2020年应收账款需要控制在400万元，在其他因素不变的条件下，应收账款平均收账天数应调整为多少天？

4. B 公司是一家制造类企业，产品的变动成本率为 60%，一直采用赊销方式销售产品，信用条件为 N/60。如果继续采用 N/60 的信用条件，预计 2020 年赊销收入净额为 1 000 万元，坏账损失为 20 万元，收账费用为 12 万元。为扩大产品的销售量，B 公司拟将信用条件变更为 N/90。在其他条件不变的情况下，预计 2020 年赊销收入净额为 1 100 万元，坏账损失为 25 万元，收账费用为 15 万元。假定风险投资最低报酬率为 10%，一年按 360 天计算，所有客户均于信用期满付款。

要求：

（1）计算信用条件改变后 B 公司收益的增加额。

（2）计算信用条件改变后 B 公司应收账款成本的增加额。

（3）B 公司是否应作出改变信用条件的决策，并说明理由。

5. C 公司是一家冰箱生产企业，全年需要压缩机 360 000 台，均衡耗用。全年生产时间为 360 天，每次的订货费用为 160 元，每台压缩机持有费率为 80 元，每台压缩机的进价为 900 元。根据经验，压缩机从发出订单到进入可使用状态一般需要 5 天，保险储备量为 2 000 台。

要求：

（1）计算经济订货批量。

（2）计算全年最佳订货次数。

（3）计算最低存货成本。

（4）计算再订货点。

五、讨论题

1. 如何做好营运资金管理?
2. 如何提高企业现金管理水平?
3. 如何评价戴尔的零库存管理?

六、案例分析题

1. 苹果公司巨额现金被指管理不善案例分析

【背景与情境】国外媒体撰文指出，尽管苹果公司在智能手机、平板电脑等市场领域高奏凯歌，但这家科技巨头的理财能力却远远逊色于微软、谷歌等竞争对手：虽然坐拥 1 000 亿美元的巨额现金，却不能从中获得太大的收益。

以微软和谷歌为例，前者截至 2011 年持有总计 592.9 亿美元的现金、流动证券和其他投资，而后者的现金、流动证券和其他投资也达到 446.3 亿美元。虽然以加权平均利率计算，这两家公司的资金回报率与苹果公司没有可比性，但倘若以其他一组数据来衡量它们的回报率，则不难发现，两家公司的投资风险高于苹果公司，而投资回报率也高于苹果公司。

问题:

(1) 试对上述现象进行分析，作出你的善恶研判。

(2) 通过适当途径搜集信息，本案例中违背了哪些会计职业道德规范?

(3) 本案例对你有哪些启示?

2. 海生公司信用政策决策案例分析

【背景与情境】海生公司于 1990 年注册登记成立，其主要经营范围是生产和销售家用电器。在成立初期，公司凭借着产品质量过硬、售后服务周到等特点，在市场中不断扩大销售份额、扩充自身经营领域。公司的财务总监方先生属于风险厌恶者，对于风险一般采取规避的态度，因此公司将信用政策制定得非常严格，对客户的信用要求有很高的标准，对所提供的信用优惠政策的范围也进行了严格限制，以此来防止坏账等损失的发生。然而，鉴于当时的市场供求环境和竞争程度，公司的销售未受到很大影响，客户的数量仍然呈现逐步上涨的趋势。

但是，随着市场经济的发展，家电企业不断涌现，竞争对手不断增加，家电行业的竞争逐渐加剧，此时海生公司的销售量开始出现下滑的态势。公司管理当局为此召开了会议，分析了产生这种情况的原因。与会人员包括总经理高先生、财务总监方先生、技术总监王先生、销售部门经理姚先生等。经过调研取证、讨论分析，与会人员发表了各自的意见。

技术总监王先生通过对现有证据的充分论证认为，公司产品在质量、功能、品种、特性等方面是处于行业前列的，而且公司的生产技术亦在不断更新，已经采用了 FMS（弹性制造系统），可以依据市场需求的变化来调整生产，因而销售下滑的原因不是出于技术问题。

销售部门经理姚先生通过在销售过程中客户对产品的反馈意见证实，王先生所说的确属实。姚先生依据销售部对市场进行的调研指出，公司售后服务工作周到，得到了现有客户的认可；公司销售环节采取了有奖销售、商业折扣等促销手段，然而成效不大，客户数量有减无增，其主要原因是公司信用政策制定得过于严格，信用期限短，对于客户信用要求的标准太高，提供的信用优惠政策范围限制严格。同时，姚先生还指出，家电行业的主要客户是家电销售超市和销售公司，由于家电产品的单位价格都比较高，因而这些客户为了避免占用大量资金，在管理上倾向于先赊购商品，待商品销售后再结算货款。然而，海生公司由于信用政策严格，使部分客户望而生怯。因此，姚先生建议，适当调整现有信用政策，适当放宽优惠政策的范围，降低标准，这样才能吸引更多的客户。姚先生的建议将矛头指向了财务总监方先生，方先生对此陈述了自己的观点。

方先生认为，放宽信用政策、延长信用期限、降低标准，虽然可以增加销售量，但也会将一些信用度较低的客户引入企业，使客户群鱼龙混杂，不利于公司的管理，而且会加大发生坏账的可能性，增加公司的机会成本、呆账损失和后期收账费用，因而这样做有可能会得不偿失。

在双方僵持不下时，总经理高先生决定，由财务总监方先生、销售部门经理姚先生牵头组成工作小组，对放宽信用政策后公司收益变化的情况进行调研分析，并在三个月内提交分析报告，届时公司将依据该报告作出相应决策。

会议后，财务总监方先生、销售部门经理姚先生立即商讨并研究成立了工作小组，该小组成员由财务部门、销售部门、市场调研等部门的工作人员组成。工作小组成立后，方先生、姚先生召开会议商榷工作方案，分配工作任务。最后，工作小组制订出工作计划，该计划的简要内容如下：①首先由市场调研部门对现在的市场状况进行调查分析，搜集同行业企业的信用政策信息，并进行归类总结，以供参考。②由销售部门依据市场调研部门的调查结果及销售情况的历史资料，对在不同信用政策情况下，本公司的销售状况进行市场分析预测，估算出赊销收入金额。③以销售部门的预测为基础，由财务部门会同信用管理等相关部门，对在不同信用政策情况下，本公司的收益、成本费用等相关资料进行搜集、预测和计算分析。④依据财务部门的计算分析结果，形成分析报告，提交管理当局决策。

按照工作计划，小组成员开始分头行动。经过两个多月的努力，小组成员的数据采集工作结束了，其数据的基本情况为：

（1）公司目前执行的信用政策。信用期限为30天；不提供现金折扣；对信用等级评价为A+和A的客户提供赊销。公司目前的年赊销收入为2 000万元，坏账损失率为3%，年收账费用为50万元。公司的变动成本率为40%，资金成本率为15%。

（2）公司可选择的信用政策方案。

A：信用期限延长至60天，将客户的信用标准放宽为A+、A、A-三个等级，仍然不提供现金折扣。在这种信用政策条件下，公司的年赊销收入额将增至3 500万元，坏账损失率为5%，年收账费用为80万元。

B：信用期限延长至90天，将客户的信用标准放宽为A+、A、A-、B+四个等级，并为在30天内付款的客户提供2%的现金折扣。在这种信用政策条件下，公司的年赊销收入额将增至5 500万元，约有40%的客户享受现金折扣优惠，此时的坏账损失率为10%，年收账费用为120万元。

C：信用期限延长至120天，将客户的信用标准放宽为A+、A、A-、B+四个等级，并为在30天内付款的客户提供5%的现金折扣，为在60天内付款的客户提供2%的现金折扣。在这种信用政策条件下，公司的年赊销收入额将增至6 500万元，约有20%的客户享受5%的现金折扣优惠，约有30%的客户享受2%的现金折扣优惠，此时的坏账损失率为15%，年收账费用为250万元。

问题：

（1）计算公司目前信用政策的收益。

（2）分别计算A、B、C三种信用政策的收益。

（3）你建议公司采取哪一种信用政策？

（4）海生公司的信用政策决策在营运资金管理方面给了你哪些启示？

3. 华业资本陷百亿应收账款骗局案例分析

【背景与情境】2015 年起，原本主要从事房地产开发业务的华业资本开始拓展医疗金融业务，通过自有资金直接购买、认购优先级和劣后级金融产品等方式，大规模收购应收账款。直至 2018 年 9 月 26 日，爆出子公司西藏华硕投资的约 9 亿元应收账款出现逾期，其后追偿小组经走访于 9 月 28 日公告公司共有 101.89 亿元应收账款，全部从恒韵医药受让取得，且债务人否认债务的真实性，至此，华业资本面临巨大资产危机。

骗局中引起各方关注的其中一点，无疑是恒韵医药的实际控制人李某正是华业资本的第二大股东。李某同华业资本的业务往来自 2015 年始，2016 年 8 月，华业资本股东华保宏实业（西藏）向李某控制的玖威医疗、满垚医疗、禄垚医疗等三家医疗公司转让全部直接持有的 15.33% 股权，李某才由此成为公司第二大股东。目前除李某外，公司另外一名董事刘某也为失联状态，而与李某关系密切的孙某于 10 月因涉嫌合同诈骗罪被拘留，无独有偶，11 月 23 日华业资本公告称公司总经理燕某亦因受贿罪被警方拘留。

为何他们都纷纷找上华业资本？公司从房地产业务转型到医疗产业链投资业务，是通过重大资产的重组完成的，拓展不熟悉领域的业务，相应的自然缺乏经营管理经验，对过程中的风险或许也没有进行客观预测。

就现状来看，华业资本的有序经营或难以为继。

资料来源：华业资本陷百亿应收账款骗局，说好的回购和增持都没有了．华讯财经，2018 年 12 月 21 日．

问题：

（1）试对上述说法进行分析，并作出你的善恶研判。

（2）通过适当的途径搜集信息，判断本案例是否体现了会计职业道德规范。如果是，请具体说明其体现了何种会计职业道德规范。

（3）本案例对你有哪些启示？

项目六 *Project 6*

收益分配管理

一、单项选择题

1. 企业采用剩余股利政策进行收益分配的主要优点是（　　）。

A. 有利于稳定股价　　B. 获得财务杠杆收益

C. 降低综合资金成本　　D. 增强公众投资信心

2. 公司以股票形式发放股利，可能带来的结果是（　　）。

A. 引起公司资产减少　　B. 引起公司负债减少

C. 引起股东权益内部结构变化　　D. 引起股东权益与负债同时变化

3. 我国上市公司不得用于支付股利的权益资金是（　　）。

A. 资本公积　　B. 任意盈余公积

C. 法定盈余公积　　D. 上年未分配利润

4. 上市公司按照剩余政策发放股利的好处是（　　）。

A. 有利于公司合理安排资金结构　　B. 有利于投资者安排收入与支出

C. 有利于公司稳定股票的市场价格　　D. 有利于公司树立良好的形象

5. 在下列股利政策中，股利与利润之间保持固定比例关系，体现风险投资与风险收益对等关系的是（　　）。

A. 剩余政策　　B. 固定股利政策

C. 固定股利比例政策　　D. 正常股利加额外股利政策

6. 在下列公司中，通常适合采用固定股利政策的是（　　）。

A. 收益显著增长的公司　　B. 收益相对稳定的公司

C. 财务风险较高的公司　　D. 投资机会较多的公司

7. 相对于其他股利政策而言，既可以维持股利的稳定性，又有利于优化资本结构的股利政策是（　　）。

A. 剩余股利政策　　B. 固定股利政策

C. 固定股利支付率政策　　D. 低正常股利加额外股利政策

8. 下列各项中，不属于股票回购方式的是（　　）。

A. 用本公司普通股股票换回优先股

B. 与少数大股东协商购买本公司普通股股票

C. 在市场上直接购买本公司普通股股票

D. 向股东标购本公司普通股股票

9. 某公司当年税后净利润是 3 000 万元，未分配利润年初期末贷方余额是 5 000 万元，公司计提法定盈余公积金比例是 10%，则当年最多可分配的股利是（　　）万元。

A. 3 000　　B. 2 700

C. 5 700　　D. 6 000

10. 在下列各项中，计算结果等于股利支付率的是（　　）。

A. 每股收益除以每股股利　　B. 每股股利除以每股收益

C. 每股股利除以每股市价　　D. 每股收益除以每股市价

11. 在下列股利分配政策中，能保持股利与收益之间一定的比例关系，并体现多盈多分、少盈少分、无盈不分原则的是（　　）。

A. 剩余股利政策　　B. 固定或稳定增长股利政策

C. 固定股利支付率政策　　D. 低正常股利加额外股利政策

12. 在下列各项中，能够增加普通股股票发行在外股数，但不改变公司资本结构的行为是（　　）。

A. 支付现金股利　　B. 增发普通股

C. 股票分割　　D. 股票回购

13. 某公司当年税后净利润是 3 000 万元，未分配利润年初期末贷方余额是 5 000 万元，公司计提法定盈余公积金比例是 10%，公司实行固定股利支付率政策，确定的股利支付率是 20%，则公司当年分配的股利是（　　）万元。

A. 600　　B. 1 000

C. 1 140　　D. 1 200

14. 如果上市公司以其应付票据作为股利支付给股东，则这种股利的方式称为（　　）。

A. 现金股利　　B. 股票股利

C. 财产股利　　D. 负债股利

15. 某公司近年来经营业务不断拓展，目前处于成长阶段，预计现有的生产经营能力能够满足未来 10 年稳定增长的需要，公司希望其股利与公司盈余紧密配合。基于以上条件，最为适宜该公司的股利政策是（　　）。

A. 剩余股利政策　　B. 固定股利政策

C. 固定股利支付率政策　　D. 低正常股利加额外股利政策

16. 企业的收益分配有狭义和广义之分，下列各项中，属于狭义收益分配的是（　　）。

A. 企业收入的分配　　B. 企业净利润的分配

C. 企业产品成本的分配　　D. 企业职工薪酬的分配

17. 下列关于股利分配政策的表述中，正确的是（　　）。

A. 公司盈余的稳定程度与股利支付水平负相关

B. 偿债能力弱的公司一般不应采用高现金股利政策

C. 基于控制权的考虑，股东会倾向于较高的股利支付水平

D. 债权人不会影响公司的股利分配政策

18. 股票股利与股票分割的不同之处在于，分割后（　　）不同。

A. 资产总额
B. 股东权益总额
C. 股东权益内部结构
D. 负债总额

19. 下列各项中，不会影响股东权益总额变动的股利支付形式是（　　）。

A. 现金股利
B. 股票股利
C. 负债股利
D. 财产股利

20. 下列关于提取任意盈余公积的表述中，不正确的是（　　）。

A. 应从税后利润中提取
B. 应经股东大会决议
C. 满足公司经营管理的需要
D. 达到注册资本的50%时不再计提

21. 公司2019年实现税后净利1.5亿元，2019年年初未分配利润借方余额为2 000万元，公司按10%计提法定盈余公积金，则2019年年末公司可供分配利润为（　　）亿元。

A. 1.3
B. 1.5
C. 1.15
D. 1.17

22. 公司2019年实现税后净利1.5亿元，2019年年初未分配利润借方余额为2 000万元，公司按10%计提法定盈余公积金，则2019年公司计提的法定盈余公积金为（　　）亿元。

A. 0.13
B. 0.15
C. 0.115
D. 0.117

23. 某上市公司在2020年利润分配前每股面值为2元，每股未分配利润为2.6元，每股净资产为7.8元，股东权益总额为39亿元，公司决定采取股票分割政策，按1∶2比例分割，则分割后公司股东权益总额为（　　）亿元。

A. 30
B. 39
C. 78
D. 19.5

24. 钱塘公司2019年税后净利润为3 000万元，2020年的投资计划需要资金2 500万元，公司的目标资本结构为权益资本占60%，债务资本占40%，公司执行剩余股利政策，则2020年可以发放的现金股利为（　　）万元。

A. 3 000
B. 2 500
C. 1 500
D. 2 000

25. 钱塘公司2019年税后净利润为3 000万元，2020年的投资计划需要资金2 500万元，公司2019年度分配现金股利为1 000万元，公司执行固定股利政策，则2020年可以发放的现金股利为（　　）万元。

A. 3 000
B. 2 500
C. 1 000
D. 2 000

26. 钱塘公司2019年税后净利润为3 000万元，2020年的计划投资需资金2 500万元，2019年度公司分配的现金股利为1 000万元，公司执行固定增长股利政策，股利增长率定为10%，则公司2020年可以发放的现金股利为（　　）万元。

A. 3 000
B. 2 500
C. 1 100
D. 2 000

27. 钱塘公司2019年税后净利润为3 000万元，2020年的投资计划需要资金2 500万元，公司2019年度分配现金股利为1 000万元，公司执行固定股利支付率政策，股利支付率为 30%，则 2020 年可以发放的现金股利为（　　）万元。

A. 900　　B. 2 500

C. 1 000　　D. 2 000

28. 钱塘公司 2019 年税后净利润为 3 000 万元，2020 年的计划投资需资金 2 500 万元，公司执行低正常加额外股利政策，正常股利为每股 0.2 元，考虑到 2019 年盈利较多且资金比较宽裕，额外发放股利 0.3 元，公司总股本为 5 000 万股，则公司 2020 年可以发放的现金股利为（　　）万元。

A. 3 000　　B. 2 500

C. 1 100　　D. 2 000

29. 某上市公司在 2020 年利润分配之前每股面值 1 元，每股未分配利润为 2.6 元，每股净资产为 7.8 元，该公司宣布发放 30% 的股票股利，现有股东每持 10 股送 3 股。分配之后每股净资产为（　　）元。

A. 6　　B. 2

C. 7.8　　D. 3.6

二、多项选择题

1. 利润分配的基本原则是（　　）。

A. 依法分配原则　　B. 分配与积累并重原则

C. 兼顾利益原则　　D. 投资与收益对等原则

2. 上市公司发放股票股利可能导致的结果有（　　）。

A. 公司股东权益内部结构发生变化　　B. 公司股东权益总额发生变化

C. 公司每股利润下降　　D. 公司股份总额发生变化

3. 公司当年税前利润是 2 000 万元，如果要向股东分配股利，必须先经历以下程序（　　）。

A. 税前补亏（五年以内）　　B. 税后补亏

C. 提取法定盈余公积金　　D. 缴纳所得税

4. 剩余股利政策（　　）。

A. 可最大限度满足企业对再投资的权益资金需要

B. 能使综合资本成本最低

C. 有可能影响股东对企业的信心

D. 不利于保持理想的资本结构

5. 影响企业股利政策的企业因素有（　　）。

A. 偿债能力限制　　B. 资产的流动性

C. 投资机会　　D. 盈利的稳定性

6. 公司在制定利润分配政策时应考虑的因素有（　　）。

A. 通货膨胀因素　　B. 股东因素

C. 法律因素　　D. 公司因素

7. 现金股利（　　）。

A. 是最常见的股利支付方式
B. 是最易被投资者接受的股利支付方式
C. 会减少企业的资产和所有者权益
D. 常被资金短缺的企业采用

8. 股票股利与股票分割对公司影响相同的地方在于（　　）。
A. 流通在外的法人股数量增加　　B. 公司资产总额增加
C. 股票单价下降　　D. 股东权益内部结构变化

9. 固定股利政策（　　）。
A. 有助于消除投资者的不确定感　　B. 股利的支付与盈利相脱节
C. 有可能使企业财务状况恶化　　D. 适用于盈利稳定的企业

10. 固定股利支付率政策（　　）。
A. 能使股利与企业盈利紧密结合　　B. 股利随盈利波动
C. 会增强股东对企业的信心　　D. 有利于股票价格的稳定

11. 正常股利加额外股利政策（　　）。
A. 能保证股利的稳定性
B. 使股利与盈利结合
C. 适用于盈利与现金流不够稳定的企业
D. 适用于盈利稳定或处于成长期的企业

12. 企业在确定股利支付率水平时，应当考虑的因素有（　　）。
A. 投资机会　　B. 筹资成本
C. 资本结构　　D. 股东偏好

13. 股票股利（　　）。
A. 常被资金短缺的企业采用　　B. 可节约企业的现金支出
C. 会减少企业的资产和所有者权益　　D. 不会减少企业的资产和所有者权益

14. 股票股利对股东的好处是（　　）。
A. 若股价不同比例下降可增加利得收益　　B. 可获得纳税上的好处
C. 能节约现金　　D. 可增加企业的所有者权益

15. 在股利支付程序中涉及的时间界限有（　　）。
A. 股利宣告日　　B. 股权登记日
C. 除息日　　D. 股利发放日

16. 下列各项中，属于上市公司股票回购动机的有（　　）。
A. 替代现金股利　　B. 提高每股收益
C. 规避经营风险　　D. 稳定公司股价

17. 处于初创阶段的公司，一般不宜采用的股利分配政策有（　　）。
A. 固定股利政策　　B. 剩余股利政策
C. 固定股利支付率政策　　D. 稳定增长股利政策

18. 为吸引机构投资者，企业应采用的股利政策是（　　）。
A. 剩余股利政策　　B. 正常股利加额外股利政策
C. 固定股利支付率政策　　D. 固定股利政策

19. 某上市公司在2019年发放股票股利前，其资产负债表上的股东权益账户情况如下：普通股（面值1元）2 000万元，资本公积为4 000万元，盈余公积2 000万元，未分配利润3 000万元。假设该公司宣布发放30%的股票股利，现有股东每持10股，即可获得赠送的3股普通股。分配之后（　　）。

A. 公司流通在外的股数为2 600万股

B. 公司的股东权益总额仍然为11 000万元

C. 股东的财富预计增加30%

D. 公司的盈余公积金将增加30%

20. 某公司决定进行股票回购，预计出资21亿元，在公开市场上回购6 000万股，每股价格为35元，预计回购完成后，公司会发生以下变化的有（　　）。

A. 公司流通在外的股数减少6 000万股

B. 公司的总资产减少21亿元

C. 公司的股票预计会上涨到35元/股

D. 公司的资产负债率将会上升

三、判断题

1. 固定股利比例分配政策的主要缺点，在于公司股利支付与其盈利能力相脱节，当盈利较低时仍要支付较高的股利，容易引起公司资金短缺、财务状况恶化。（　　）

2. 股份公司的股利分配政策遵循“无利不分”的原则，公司当年无盈利就不能支付股利。（　　）

3. 按照利润分配的积累优先原则，企业税后利润分配，不论什么条件下均应优先提取法定公积金。（　　）

4. 股份有限公司利润分配的一个主要特点是，提取任意盈余公积在支付优先股股利之后，但在分配普通股股利之前。（　　）

5. 只要公司拥有足够现金，就可以发放现金股利。（　　）

6. 在除息日之前，股利权从属于股票；从除息日开始，新购入股票的人不能分享本次已宣告发放的股利。（　　）

7. 企业发放股票股利会引起每股利润的下降，从而导致每股市价有可能下跌，因而每位股东所持股票的市场价值总额也将随之下降。（　　）

8. 股票分割不仅有利于促进股票流通和交易，而且还有助于公司并购政策的实施。（　　）

9. 与发放现金股利相比，股票回购可以提高每股收益，使股价上升或将股价维持在一个合理的水平上。（　　）

10. 高支付率的股利政策给股东回报更多，因此是最好的股利政策。（　　）

11. 股票分割能迅速降低股价。（　　）

12. 由于发放股票股利后，增加了市场流通的股票股数，从而使每位股东所持股票的市场价值总额增加。（　　）

13. 如果发放股票股利的比例小于股价下降的比例，股东就可得到收益。（　　）

14. 某企业年初未分配利润为借方余额 50 万元，当年净利润为 100 万元，则当年以 10% 提取的法定盈余公积为 10 万元。 (　　)

15. 领取股利的权利与股票相分离的日期是股权登记日。 (　　)

16. 支付股票股利会减少所有者权益。 (　　)

17. 我国公司常采用的股利分配方式是现金股利和财产股利。 (　　)

18. 资本公积不能用于弥补亏损。 (　　)

19. 剩余股利政策的缺点是能最大限度满足企业对再投资的权益资金需要。 (　　)

20. 股票分割与股票股利对所有者权益的影响完全相同。 (　　)

21. 公司 2019 年实现税后净利 1.5 亿元，2019 年年初未分配利润借方余额为 2 000 万元，公司按 10% 计提法定盈余公积金，则 2019 年年末公司可供分配利润为 1.17 亿元。 (　　)

22. 公司 2019 年实现税后净利 1.5 亿元，2019 年年初未分配利润借方余额为 2 000 万元，公司按 10% 计提法定盈余公积金，则 2019 年公司计提的法定盈余公积金为 0.13 亿元。 (　　)

23. 公司 2019 年税后净利润为 2 000 万元，2020 年的投资计划需要资金 2 500 万元，公司的目标资本结构为权益资本占 60%，债务资本占 40%，公司执行剩余股利政策，则 2020 年可以发放的现金股利为 0。 (　　)

24. 公司 2019 年税后净利润为 2 000 万元，公司执行固定股利支付率政策，股利支付率为 30%，则 2020 年可以发放的现金股利为 600 万元。 (　　)

25. 甲上市公司 2019 年宣布 10 派 4 元，股权登记日为 2019 年 7 月 9 日，除权日为 2019 年 7 月 11 日，某投资者于 2019 年 7 月 11 日买入甲公司股票 10 000 股，则其可以分得现金股利 4 000 元（含税）。 (　　)

26. 某上市公司在 2020 年利润分配之前每股面值为 2 元，每股未分配利润为 5 元，每股净资产为 12 元，该公司宣布买 10 股送 10 股，分配之后公司净资产总额翻倍。 (　　)

27. 公司发行在外股票 10 亿股，每股面值 2 元，每股净资产 6 元，现在按 1∶2 的比例对股票进行分割，则分割后公司资产总额不变。 (　　)

28. 某上市公司在 2019 年税后利润为 1 亿元，2019 年年初未分配利润借方余额为 4 000 万元，公司按 10% 的比例计提法定盈余公积金，则 2019 年公司应计提法定盈余公积金为 1 000 万元。 (　　)

29. 公司进行股票回购后，其他因素不变，公司负债比例上升。 (　　)

30. 公司股票股利与股票分割对股东权益的影响完全相同。 (　　)

四、业务分析题

1. A 公司 2014 年亏损 20 万元，2015 年盈利 2 万元，2016 年盈利 3 万元，2017 年盈利 5 万元，2018 年盈利 8 万元，2019 年盈利 10 万元。假设无纳税调整事项，所得税税率为 25%。

要求：

（1）计算 2018 年 A 公司是否应缴纳所得税，以及能否进行利润分配？

（2）计算 2019 年 A 公司是否应缴纳所得税？若缴纳所得税，A 公司应缴纳多少？A 公司是否应提取法定盈余公积金和公益金？如果按 15% 的比率计提法定盈余公积金和公益金，应提取多少？

2. 某公司成立于 2017 年 1 月 1 日，2017 年度实现的净利润为 1 000 万元，分配现金股利 550 万元，提取盈余公积 450 万元（所提盈余公积均已指定用途）。2018 年实现的净利润为 900 万元（不考虑计提法定盈余公积的因素）。2019 年计划增加投资，所需资金为 700 万元。假定公司目标资本结构为自有资金占 60%，借入资金占 40%。

要求：

（1）在保持目标资本结构的前提下，计算 2019 年投资方案所需的自有资金额和需要从外部借入的资金额。

（2）在保持目标资本结构的前提下，如果公司执行剩余股利政策，计算 2018 年度应分配的现金股利。

（3）在不考虑目标资本结构的前提下，如果公司执行固定股利政策，计算 2018 年度应分配的现金股利、可用于 2019 年投资的留存收益和需要额外筹集的资金额。

（4）在不考虑目标资本结构的前提下，如果公司执行固定股利支付政策，计算该公司的股利支付率和 2018 年度应分配的现金股利。

（5）假定公司 2019 年面临着从外部筹资的困难，只能从内部筹资，不考虑目标资本结构，计算在此情况下 2018 年度应分配的现金股利。

3. F公司是一家稳定成长的上市公司，2018年度公司实现净利润8 000万元。公司上市3年来一直执行稳定增长的现金股利政策，年增长率为5%，吸引了一批稳健的战略性机构投资者。公司投资者中个人投资者持股比例占60%。2017年度每股派发0.2元的现金股利。公司2019年计划新增一投资项目，需要资金8 000万元。公司目标资产负债率为50%。由于公司有良好的财务状况和成长能力，公司与多家银行保持着良好的合作关系。公司2018年12月31日资产负债表的有关数据如表6-1所示：

表6-1 金额单位：万元

货币资金	12 000
负债	20 000
股本（面值1元，发行在外10 000万股普通股）	10 000
资本公积	8 000
盈余公积	3 000
未分配利润	9 000
股东权益总额	30 000

2019年3月15日公司召开董事会会议，讨论了甲、乙、丙三位董事提出的2018年度股利分配方案：

（1）甲董事认为，考虑到公司的投资机会，应当停止执行稳定增长的现金股利政策，将净利润全部留存，不分配股利，以满足投资需要。

（2）乙董事认为，既然公司有好的投资项目，有较大的现金需求，应当改变之前的股利政策，采用每10股送5股的股票股利分配政策。

（3）丙董事认为，应当维持原来的股利分配政策，因为公司的战略性机构投资者主要是保险公司，他们要求固定的现金回报，且当前资本市场效率较高，不会由于发放股票股利而使股价上涨。

要求：

（1）计算维持稳定增长的股利分配政策下公司2018年度应当分配的现金股利总额。

（2）分别计算甲、乙、丙三位董事提出的股利分配方案的个人所得税税额。

（3）分别站在企业和投资者的角度，比较分析甲、乙、丙三位董事提出的股利分配方案的利弊，并指出最佳股利分配方案。

4. 假定华泰公司2019年盈余为110万元，某股东持有10 000股普通股（占总股数的1%），目前每股价格为22元。股票股利发放率为10%。

要求：

（1）计算华泰公司应发放的股票股利数额。

（2）计算发放股票股利之后的每股收益。

（3）计算该股东可获得的股票股利数额。

5. 某公司年终利润分配前的股东权益项目资料，如表6－2所示。

表6－2

股本——普通股（每股面值2元，200万股）	400万元
资本公积金	160万元
未分配利润	840万元
所有者权益合计	1 400万元

公司股票的每股现行市价为35元。

要求：

（1）计划按每10股送1股的方案发放股票股利，并按发放股票股利后的股数派发每股现金股利0.2元，股票股利的金额按现行市价计算。计算完成这一分配方案后的股东权益各项目的金额。

（2）如若按1股换2股的比例进行股票分割，计算股票分割后的普通股股数和股东权益各项目的金额。

五、讨论题

1. 如何做好企业收益分配工作？
2. 如何确定企业一定年度的现金股利额？
3. 请分析股票回购的意义。

六、案例分析题

1. XDL 股份有限公司股利分配政策案例分析

【背景与情境】XDL 股份有限公司 2017 年度股东大会于 2018 年 5 月 12 日在公司会议室召开，出席会议的股东及股东授权委托的代表人数为 5 人，代表公司股份 83 980 000 股，占公司股份总数的 72.4%，符合《公司法》及《公司章程》的规定。会议由董事长胡某主持，公司董事、监事和高级管理人员列席会议。大会以记名投票方式逐项表决，审议通过了 14 项议案。其中，《2017 年度利润分配及资本公积转增股本的预案》和《2017 年度利润分配政策》经股东审议表决全部通过。

（1）《2017 年度利润分配及资本公积转增股本的预案》。经厦门天健华天有限责任会计师事务所审计，公司 2017 年实现税后净利润 41 559 077.48 元，按净利润的 10% 提取法定盈余公积，计 4 155 907.75 元，加上以前年度未分配利润 35 749 771.33 元，减去本年度实际已支付的 2017 年股利 34 800 000 元，实际可供股东分配的利润为 38 352 941.09 元。公司董事会决定，2018 年度利润暂不分配，剩余未分配利润 38 352 941.09 元转入下一年度一并分配。表决结果为：83 980 000 股同意，占出席股东大会有表决权股份总数的 100%；0 股弃权，占出席股东大会有表决权股份总数的 0%；0 股反对，占出席股东大会有表决权股份总数的 0%。

截至 2018 年 12 月 31 日，公司资本公积余额为 450 757 619.43 元，公司董事会审议决定，以 2018 年年底公司总股本 11 600 万元为基数，实施资本公积转增股本，转增比例为每

10 股转增 10 股，共计转增股本 11 600 万股，实施资本公积转增股本后，公司总股本为 23 200 万股，资本公积余额为 334 757 619.43 元，同时授权公司董事会修改公司章程有关条款并办理工商变更登记手续。表决结果为：83 980 000 股同意，占出席股东大会有表决权股份总数的 100%；0 股弃权，占出席股东大会有表决权股份总数的 0%；0 股反对，占出席股东大会有表决权股份总数的 0%。

（2）2017 年度利润分配政策。预计 2017 年度公司分配股利 1 ~2 次，2017 年实现的净利润用于股利分配的比例不超过 80%。公司 2018 年度未分配利润主要用于下一年度股利分配。股利分配主要采用派发现金或送红股的形式，预计现金股息占股利分配的比例不超过 80%。具体分配方案依据公司实际情况由公司董事会提出预案，报公司股东大会审议决定。根据公司发展和当年盈利情况，公司董事会保留对 2017 年利润分配政策作出调整的权利。表决结果为：83 980 000 股同意，占出席股东大会有表决权股份总数的 100%；0 股弃权，占出席股东大会有表决权股份总数的 0%；0 股反对，占出席股东大会有表决权股份总数的 0%。

杨红松认为，该公司虽然没有用净利润发放现金股利或股票股利，但是采取了资本公积转增股本的做法，这属于利润分配的形式之一。因此，不能说该公司没有进行利润分配，“公司董事会决定，2018 年度利润暂不分配”的表述不正确。

问题：

（1）杨红松的分析是否正确？公司董事会的提法是否正确？

（2）简述该公司的利润分配程序及每一环节的利润分配数额。

（3）“公司董事会决定，2018 年度利润暂不分配”是指不分配什么？

（4）结合本案例，说明送股对公司的影响。

2. 某电力公司历年分红派息案例分析

【背景与情境】以下是某电力公司网站关于其历年分红派息的描述：

公司自1998年上市以来，一直不忘回报股东，17年来，年年分红，平均年度利润分红比例超过50%，即公司将利润的一半回馈给公司股东，其中有4年在现金分红的同时还实行了送股或转增股。自上市以来，公司共计募集资金27.6亿元（含发行费用），累计向股东派现69.19亿元（含税），累计派现额相当于筹资额的2.51倍，累计派发现金股利在深沪两市名列前茅。某电力公司历年分红派息情况见表6－3所示。

表6－3　　某电力公司历年分红派息情况表

年度	每股收益（元/股）	分红派息方案
1998	0.908	每10股送2股转增6股派发2.00元现金股利
1999	0.514	每10股派发6.00元现金股利
2000	0.450	A股每10股派发3.30元，B股每10股派发1.90元，转为B股的原法人股每10股派发1.40元
2001	0.676	每10股送2股派发2.00元现金股利
2002	0.606	每10股转增3股派发3.00元现金股利
2003	0.538	每10股派发4.00元现金股利
2004	0.648	每10股派发3.00元现金股利
2005	0.377	中期每10股送2股转增8股派发0.40元现金，年终每10股派发1.50元现金股利
2006	0.398	每10股派发现金2.20元
2007	0.447	每10股派发现金2.30元
2008	0.472	每10股派发现金2.50元
2009	0.357	每10股派发现金1.80元
2010	0.271	每10股派发现金1.80元
2011	0.288	每10股派发现金1.80元
2012	0.248	每10股派发现金1.60元
2013	0.011	每10股派发现金0.60元
2017	0.438	每10股派发现金2.00元
累计派发现金股利69.19亿元		

另外，公司在1998年上市时的发行价格为9.80元/股，2018年12月31日收盘价为5.88元/股。不考虑股票投资的交易费用和所得税。

问题：

（1）某电力公司从1998年以来采取了哪些股利分配方式？

（2）如果一个A股股东于1998年在一级市场上购买了1 000股该公司股票，持有至2018年12月31日，在此期间其没有通过从股市购买股票的方式增加某电力股票，请计算该股东历年来从公司获取的现金股利及2018年12月31日其持有的股票数量。

（3）请对该公司历年的分红派息进行评价。

3. 飞科电器豪气分红15.2亿元案例分析

【背景与情境】在证监会的严厉监管之下，不少“千年铁公鸡”2013年也挤出了一点血，真是大快人心。做剃须刀的飞科电器（603868），在分红上向来豪爽。公司2016年4月上市，当年即两次现金分红，分别10派10元，共计分红8.7亿元。2017年公司出台了年终分红方案，拟10派15元，共计现金分红超过6.5亿元。然而，3次共计15.2亿元的现金分红，实控人分得近9成红利，约13.7亿元。

据斑马消费查询发现，公司2016年4月上市以来，已完成了两次共计8.7亿元现金分红。2017年全年分红预案已通过董事会，拟10派15元，共计分红6.5亿元。

飞科电器确实豪气。不过，普通投资者很难沾到很大的光。三次共计15.2亿元的分红中，实控人将以其所持股份，分去约9成13.7亿元。

飞科电器当初IPO时就曾受到较大争议，实际控制人几乎为一人100%控股公司，上市仅发行10%股份，公司的内控以及股票的流动性将受到极大影响。

目前，公司董事会成员由3名董事和4名独立董事组成，董事中李某和林某为夫妻关系；监事会主席由外部专业人士担任。飞科电器试图以这种方式解决实控人对公司控制力极强的风险。

资料来源：程春雨．盘点上市公司奇葩“分红”．中国新闻网，2013年11月11日．

问题：

（1）试对上述说法进行分析，并作出你的善恶研判。

（2）通过适当的途径搜集信息，判断本案例是否体现了会计职业道德规范。如果是，请具体说明其体现了何种会计职业道德规范？

（3）本案例对你有哪些启示？

项目七 *Project 7*

预算管理

一、单项选择题

1. 在成本习性分析的基础上，分别按一系列可能达到的预计业务量水平编制的能适应多种情况的预算是指（　　）。

A. 固定预算　　B. 弹性预算

C. 增量预算　　D. 滚动预算

2. 下列各项中，没有直接在现金预算中得到反映的是（　　）。

A. 期初期末现金余额　　B. 现金筹措及运用

C. 预算期产量和销量　　D. 预算期现金余缺

3. 以预算期正常的、可实现的某一业务量水平为唯一基础来编制预算的方法称为（　　）。

A. 零基预算　　B. 定期预算

C. 静态预算　　D. 流动预算

4. 公司全面预算体系的编制起点是（　　）预算。

A. 资产负债表　　B. 利润表

C. 销售　　D. 材料采购

5. 下列项目中，原本属于日常业务预算，但因其需要根据现金预算的相关数据来编制因此被纳入财务预算的是（　　）。

A. 财务费用预算　　B. 预计利润表

C. 销售费用预算　　D. 预计资产负债表

6. 某企业按百分比法编制弹性利润预算表，预算销售收入为 100 万元，变动成本为 60 万元，固定成本为 30 万元，利润总额为 10 万元；如果预算销售收入达到 110 万元，则预算利润总额为（　　）万元。

A. 14　　B. 11

C. 4　　D. 1

7. 不受现有费用项目和开支水平限制，并能够克服增量预算方法缺点的预算方法是（　　）。

A. 弹性预算方法　　B. 固定预算方法

C. 零基预算方法　　D. 滚动预算方法

8. 某期现金预算中假定出现了正值的现金收支差额，且超过额定的期末现金余额时，单纯从财务预算调剂现金余缺的角度看，该期不宜采用的措施是（　　）。

A. 偿还部分借款利息　　B. 偿还部分借款本金

C. 抛售短期有价证券　　D. 购入短期有价证券

9. 在下列各项中，不属于财务预算内容的是（　　）。

A. 预计资产负债表　　B. 现金预算

C. 预计利润表　　D. 销售预算

10. 在下列各项中，不属于滚动预算方法的滚动方式的是（　　）。

A. 逐年滚动方式　　B. 逐季滚动方式

C. 逐月滚动方式　　D. 混合滚动方式

11. 在下列各项中，不能纳入企业现金预算范围的是（　　）。

A. 经营性现金支出　　B. 资本化借款利息

C. 经营性现金收入　　D. 资本性现金支出

12. 与传统定期预算方法相比，属于滚动预算方法缺点的是（　　）。

A. 预算工作量大　　B. 透明度低

C. 及时性差　　D. 连续性弱

13. 根据全面预算体系的分类，下列预算中，属于财务预算的是（　　）。

A. 销售预算　　B. 现金预算

C. 直接材料预算　　D. 直接人工预算

14. 下列各项中，综合性较强的预算是（　　）。

A. 销售预算　　B. 材料采购预算

C. 现金预算　　D. 资本支出预算

15. 下列各项中，可能会使预算期间与会计期间相分离的预算方法是（　　）。

A. 增量预算法　　B. 弹性预算法

C. 滚动预算法　　D. 零售预算法

16. 下列预算编制方法中，可能导致无效费用开支项目无法得到有效控制的是（　　）。

A. 增量预算　　B. 弹性预算

C. 滚动预算　　D. 零基预算

17. 运用零基预算法编制预算，需要逐项进行成本效益分析的费用项目是（　　）。

A. 可避免费用　　B. 不可避免费用

C. 可延续费用　　D. 不可延续费用

18. 下列各项中，不会对预计资产负债表中存货金额产生影响的是（　　）。

A. 生产预算　　B. 材料采购预算

C. 销售费用预算　　D. 单位产品成本预算

19. 下列各项费用预算项目中，最适宜采用零基预算编制方法的是（　　）。

A. 人工费　　B. 培训费

C. 材料费　　D. 折旧费

20. 某公司预计计划年度期初应付账款余额为 200 万元，1 ~ 3 月份采购金额分别为 500

万元、600 万元和 800 万元，每月的采购款当月支付 70%，次月支付 30%。则预计一季度现金支出额是（　　）。

A. 2 100 万元　　B. 1 900 万元

C. 1 860 万元　　D. 1 660 万元

21. 作为计划的一种形式，预算具备的特征是（　　）。

A. 以数量反映　　B. 以金额反映

C. 以数量和金额反映　　D. 以上皆不对

22. 下列属于一次专门决策预算的是（　　）。

A. 固定资产投资　　B. 销售预算

C. 生产预算　　D. 利润表预算

23. 下列预算不属于辅助预算的有（　　）。

A. 所得税预算　　B. 销售预算

C. 产品成本预算　　D. 利润表预算

24. 适合作为企业全面规划的数量说明的是（　　）。

A. 资产负债表预算　　B. 销售预算

C. 利润表预算　　D. 全面预算

25. 整个企业全面预算体系的最后环节是（　　）。

A. 销售预算　　B. 专门决策预算

C. 长期预算　　D. 财务预算

26. 固定预算可比性差的根源在于（　　）。

A. 预定的业务量与实际水平相差较大

B. 预算总额比较固定

C. 单位成本费用水平与实际相差较大

D. 无效费用难以控制

27. 下列哪个项目最适合编制弹性预算（　　）。

A. 单位产品成本　　B. 销售费用

C. 资产负债表　　D. 固定资产折旧

28. 在编制零基预算时必须要保证的费用是（　　）。

A. 可避免费用　　B. 固定费用

C. 变动费用　　D. 不可避免费用

29. 滚动预算法又称连续预算法，预算期始终保持为一个固定的长度，一般为（　　）。

A. 一个月　　B. 一个季度

C. 一年　　D. 一周

30. 大华公司 2020 年拟采用滚动预算，在 2019 年年底需要对 2020 年（　　）进行详细预算。

A. 第一季度　　B. 第二季度

C. 第三季度　　D. 第四季度

二、多项选择题

1. 从实用角度看，弹性预算主要用于编制（　　）。
A. 特种决策预算
B. 成本预算
C. 利润预算
D. 销售及管理费用预算
2. 下列各项中，属于日常业务预算的内容有（　　）。
A. 生产预算
B. 产品成本预算
C. 现金预算
D. 制造费用预算
3. 编制现金预算的依据有（　　）。
A. 销售预算
B. 直接材料预算
C. 生产预算
D. 直接人工预算
4. 下列各项中，属于财务预算的有（　　）。
A. 现金预算
B. 预计现金流量表
C. 预计资产负债表
D. 预计损益表
5. 相对固定预算而言，弹性预算的优点有（　　）。
A. 预算成本低
B. 预算工作量小
C. 预算可比性强
D. 预算适用范围宽
6. 下列各项中，属于滚动预算的优点有（　　）。
A. 透明度高
B. 及时性强
C. 连续性
D. 完整性
7. 下列项目中，属于直接人工预算的内容是（　　）。
A. 预计生产量
B. 单位产品耗用工时
C. 人工总工时
D. 人工总成本
8. 在编制现金预算的过程中，可作为其编制依据的有（　　）。
A. 日常业务预算
B. 预计利润表
C. 预计资产负债表
D. 特种决策预算
9. 生产预算是编制（　　）的依据。
A. 直接材料预算
B. 直接人工预算
C. 产品成本预算
D. 现金预算
10. 下列预算中，能够既反映经营业务又反映现金收支内容的有（　　）。
A. 销售预算
B. 生产预算
C. 直接材料预算
D. 制造费用预算
11. 产品生产成本预算，是（　　）预算的汇总。
A. 销售及管理费用
B. 直接材料
C. 直接人工
D. 制造费用
12. 在编制生产预算时，计算某种产品预计生产量应考虑的因素包括（　　）。
A. 预计材料采购量
B. 预计产品销售量
C. 预计期初产品存货量
D. 预计期末产品存货量

13. 在编制现金预算时，计算某期现金余额必须考虑的因素有（　　）。

A. 期初现金余额　　B. 期末现金余额

C. 当期现金支出　　D. 当期现金收入

14. 在财务预算中，专门用以反映企业未来一定预算期内预计财务状况和经营成果的预算为（　　）。

A. 现金预算　　B. 预计资产负债表

C. 预计损益表　　D. 预计现金流量表

15. 企业预算最主要的两大特征是（　　）。

A. 数量化　　B. 表格化

C. 可伸缩性　　D. 可执行性

16. 全面预算具体包括（　　）。

A. 日常业务预算　　B. 财务预算

C. 生产预算　　D. 特种决策预算

17. 下列各项中，属于现金支出预算内容的有（　　）。

A. 直接材料　　B. 直接人工

C. 购置固定资产　　D. 制造费用

18. 下列各项中，属于定期预算缺点的有（　　）。

A. 盲目性　　B. 编制工作量大

C. 不变性　　D. 间断性

19. 下列项目中，属于生产预算的内容是（　　）。

A. 预计销售量　　B. 预计期末存货

C. 预计期初存货　　D. 预计消耗量

20. 编制预计资产负债表的依据包括（　　）。

A. 现金预算　　B. 特种决策预算

C. 日常业务预算　　D. 预计损益表

三、判断题

1. 企业预算是从编制生产预算开始的。（　　）

2. 销售量和单价预测的准确性，直接影响企业财务预算的质量。（　　）

3. 在编制制造费用预算时，应将固定资产折旧费剔除。（　　）

4. 销售管理费用预算是根据生产预算来编制的。（　　）

5. 财务预算是关于企业在未来一定期间内财务状况和经营成果以及现金收支等价值指标的各种预算总称。（　　）

6. 能够克服固定预算缺点的预算方法是滚动预算。（　　）

7. 在编制零基预算时，应以企业现有的费用水平为基础。（　　）

8. 永续预算能够使预算期间与会计年度相配合，便于考核预算的执行结果。（　　）

9. 特种决策预算包括经营决策预算和投资决策预算，一般情况下，特种决策预算的数据要纳入日常业务预算和现金预算。（　　）

10. 在编制预计资产负债表时，对表中的年初项目和年末项目均需根据各种日常业务预算和专门决策预算的预计数据分析填列。（ ）

11. 在财务预算的编制过程中，编制预计财务报表的正确程序是：先编制预计资产负债表，然后再编制预计利润表。（ ）

12. 生产预算是日常业务预算中唯一仅以实物量作为计量单位的预算，不直接涉及现金收支。（ ）

13. 增量预算是在基期成本费用水平的基础上，结合预算期业务量及有关降低成本的措施，通过调整有关原有成本项目而编制预算的一种方法。（ ）

14. 产品生产成本预算不能作为编制现金预算的依据。（ ）

15. 销售预算是编制生产预算的基础。（ ）

16. 在编制定期预算时，预算期必须与会计年度口径一致。（ ）

17. 在编制制造费用预算时，将制造费用预算扣除折旧后，调整为现金收支的费用。（ ）

18. 企业财务管理部门负责企业预算的编制、执行、分析和考核工作，并对预算执行结果承担直接责任。（ ）

19. 财务预算能够综合反映各项业务预算和各项专门决策预算，因此称为总预算。（ ）

20. 企业财务管理部门应当利用报表监控预算执行情况，及时提供预算执行进度、执行差异信息。（ ）

21. 企业各个部门提出预算后，总部只需要加总各个部门预算即可形成企业的整体预算。（ ）

22. 利润表预算属于短期预算。（ ）

23. 财务预算在企业的全面预算体系中具有重要的地位。（ ）

24. 弹性预算是为了克服固定预算的缺点而设计的，它是指按照预算期内可预见的多种业务量水平而编制的，能够适应不同业务量情况的预算。因此，它是一种完美的预算编制方法。（ ）

25. 固定资产折旧比较适合固定预算。（ ）

26. 增量预算最大的不合理之处在于容易造成预算上的浪费。（ ）

27. 零基预算的编制思想基础是“存在即合理”。（ ）

28. 增量预算法的缺陷是可能导致无效费用开支项目无法得到有效控制。（ ）

29. 定期预算法往往使管理人员缺乏长远打算。（ ）

30. 公司生产线投资可行性分析报告是编制固定资产投资预算的基础。（ ）

四、业务分析题

1. 某企业生产和销售 A 种产品，预算期 2019 年四个季度预计销售量分别为 1 000 件、1 500 件、2 000 件和 1 800 件；A 种产品预计单位售价为 100 元。假设每季度销售收入中，本季度收到现金 60%，另外 40% 要到下季度才能收回。上年末应收账款余额为 60 000 元。

要求：

（1）计算各季度销售收入预算数。

（2）计算各季度现金收入预算数。

（3）计算 2019 年年末应收账款预算数。

2. 某公司生产甲产品，1 季度至 4 季度的预计销售量分别为 1 000 件、800 件、900 件、850 件，生产每件甲产品需要 2 千克 A 材料。公司的政策是每一季度末的产成品存货数量等于下一季度销售量的 10%，每一季度末的材料存量等于下一季度生产需要量的 20%。

要求：

请填写表 7－1，计算该公司第二季度的预计材料采购量。

表 7－1

单位：千克

项　　目	1 季度	2 季度	3 季度	4 季度
销量	1 000	800	900	850
加：期末存货量 （下一季度销售量的 10%）	（1）	（2）	（6）	
减：期初存货量 （上期期末）	——	（3）	（7）	
生产量	——	（4）	（8）	
生产需用材料数量	——	810×2＝1 620	895×2＝1 790	
加：期末材料存量 （下一季度生产需要量的 20%）	（5）	（9）	358	
减：期初存量（上期期初）		（10）		
材料采购量				

3. 某企业编制销售及管理费用预算收集的有关资料如表 7－2 所示。

表 7－2 单位：元

项　目	变动费用率（按销售收入）	第一季度	第二季度	第三季度	第四季度
预计销售收入		300 000	320 000	350 000	400 000
变动销售及管理费用					
销售佣金	1%	3 000	3 200	3 500	
运输费	1.5%	4 500	4 800	5 250	
广告费	3%	9 000	9 600	10 500	12 000
固定销售及管理费用					
薪金		30 000	30 000	30 000	30 000
办公用品		3 000	3 000	3 000	3 000
折旧费		6 000	6 000	6 000	6 000
其他		5 000	5 000	5 000	5 000

要求：

（1）计算各季度销售及管理费用预算数。

（2）计算全年销售及管理费用现金支出预算数。

4. 某公司2019年现金预算表如表7-3所示。假设期末现金最低应保持的余额为4 000元，银行借款以1 000元为单位，贷款利率为每年6%，还本时付息，于每季初借入，每季末偿还。

表7-3　　2019年度现金预算表　　单位：元

项　目	第一季度	第二季度	第三季度	第四季度	全年合计
期初余额	4 000			4 561	
加：现金收入		16 300	17 700		65 900
可动用现金合计	16 800		22 620		
减：现金支出					
采购材料	4 675	4 470		4 990	
人工成本	6 780	7 380	7 980		30 660
费用		2 713	2 794	2 869	
支付股息	1 000	-	-	-	
购买设备	-	500	1 500	-	
现金支出合计		15 063			
现金收支差额	1 713		5 606		
银行借款		-	-	-	3 000
偿还借款	-		1 000		
利息	-				
期末余额					

要求：将上述现金预算中的空缺数据按其内在联系填补齐全。

5. 某企业的一车间，年生产甲产品的能力为 30 000 件，每件产品工时定额为 2 小时，2019 年有关制造费用的资料如表 7－4 所示。

表 7－4

项目	每小时变动费（元）	全年预算固定成本（元）	全年实际费用（元）33 000 件
间接材料	0.5	11 000	26 340
间接人工	0.3	3 000	15 050
电　　力	0.18	2 000	8 800
修 理 费	0.12	4 000	7 200
折　　旧		9 000	10 000
其　　他		5 000	6 000
合　　计	1.00	34 000	73 390

如果年产量达到正常生产能力的 110%，则固定成本中的间接材料将增加 1%，修理费用增加 5%，折旧增加 10%。

要求：

（1）根据上述资料，按正常生产能力的 90%、100%、110%、120% 分别编制制造费用弹性预算。

（2）编制 2019 年弹性预算执行报告。

五、讨论题

1. 分析我国企业全面预算存在的问题。
2. 企业如何实施零基预算？
3. 请分析讨论企业集团全面预算管理的问题及对策。

六、案例分析题

1. 苏州新苏纶纺织有限公司预算管理模式案例分析

【背景与情境】苏州新苏纶纺织有限公司（简称新苏纶）是一家传统的纺织企业，市场相对稳定，整个企业处于稳步发展的阶段。在这一时期，如果采用扩大销售的方法来提高企业的利润，并不是非常有效的。因此，提高企业利润的重心应放在加强成本费用的管理上。为与企业的发展阶段相适应，新苏纶在进行预算管理时，采用以成本费用为中心的预算管理模式，对企业的成本费用进行事前、事中和事后管理。为实现以成本、费用为中心的预算管理模式，新苏纶设计了预算管理框架。

（1）预算的编制方法。新苏纶采用零基预算的方法，每月由各部门对其资金收支情况进行预算，总会计师和总经理确认预算合理以后，财务部门将整个企业的预算进行汇总，形成整个企业的月份资金使用总预算。各部门有时需要根据业务发展态势调整本月预算。在出现这种情况时，要求追加用款的部门需要填写“月度用款追加计划申请表”，说明申请追加用款的理由及金额，总经理审批通过后，方可加入预算范围内。

（2）预算的执行和控制。公司对预算的执行情况采用双轨制进行记录，即财务人员对每一笔支出都需要填制凭证，在总账子系统中自动登记总账和明细账。同时，经手人必须填写“申请领用支票及申请付款工作联系单”，并在“限额费用使用手册”上进行登记，控制成本费用的发生。限额费用使用手册类似于为预算管理所设计的责任会计账。

为了进行预算控制，公司需要对各部门的差旅费、业务招待费等项目设置预算并进行实时控制，根据预算数和实际数计算出差异，同时把各种控制项目用相应的科目和部门进行反映和控制。

（3）预算的考评。月末对限额费用使用手册进行汇总，得到资金费用使用汇总表，随后将汇总表和预算进行比较，找出两者的差异，并进一步分析差异形成的原因。新苏纶对各部门的费用支出在进行预算的基础上实行有效的控制，从而对整个企业的成本费用起到了非常好的监控作用。此外，事后的差异分析也为各部门的业绩考核提供了依据，使企业的奖惩制度有了实行的基础。

陈春认为，零基预算能合理地安排资金，加强对成本费用的控制，因此能极大提高公司的经营效率，零基预算可以说是预算管理的灵丹妙药。

问题：

（1）如何看待陈春关于零基预算的认识？

（2）分析新苏纶预算管理的意义及目标。

2. 完善预算结余管理防范年底突击花钱案例分析

【背景与情境】“对预算结余不能简单地‘一刀切’收回处理。”2018 年 3 月 8 日，全国人大代表、河南省漯河市广播电视台播音员宁雅秋在参加十三届全国人大一次会议河南代表团分组审查预算报告时，建议完善对政府部门年度预算结余的管理制度，以更有效地防范年底突击花钱现象。

每年岁末，各级政府部门是否“突击花了钱”，是社会各界关心的问题。宁雅秋说，年底突击花钱，是因为如果预算内的钱花不完，下一年的预算拨款会相应减少。“政府部门在年底突击花钱，是为了第二年有钱花，这在制度方面有不合理的因素。”宁雅秋建议对预算结余的处理不能“一刀切”全部收回。“对于其中的合理结余要留下一定比例作为奖励，这样可以鼓励政府部门过紧日子。”

本次大会向代表提供预算联网监督信息查询服务。宁雅秋说：“希望预算联网监督信息查询系统尽快向市县一级延伸，实现全国一张网全覆盖。”

资料来源：郑博超．完善预算结余管理防范年底突击花钱．中国青年网，2018 年 3 月 9 日．

问题：

（1）试对上述现象进行分析，作出你的善恶研判。

（2）通过适当途径进行搜集，分析本案例违背了哪些会计职业道德规范。

（3）本案例对你有哪些启示？

3. 马克公司全面预算案例分析

【背景与情境】马克公司生产经营甲、乙两种产品，2019 年年初的应收账款数据、各季度预测的销售价格和销售数量等资料如表 7－5 所示。

表 7－5　　2019 年度马克公司的预计销售资料

项目		季度				年初应收账款（元）	增值税税率	收现率	
		一	二	三	四			首期	二期
甲产品	销售单价（元/件）	65	65	65	70	19 000	17%	60%	40%
	预计销售量（件）	800	1 000	1 200	1 000				
乙产品	销售单价（元/件）	80	80	80	75	12 000			
	预计销售量（件）	500	800	1 000	1 200				

资料显示，到第四季度，甲、乙两种产品的单价相比前三个季度都有所变动；每种产品每季度的销售中有 60% 于当季收到现金，其余 40% 要到下季收讫。

马克公司甲、乙两种产品 2019 年期初的实际存货量和年末的预计存货量等资料如表 7－6 所示。

表 7－6　　2019 年度马克公司的存货资料

品种	年初产成品存货量（件）	年末产成品存货量（件）	年初在产品存货量（件）	年末在产品存货量（件）	预计期末产成品占下期销量的百分比（%）	年初产成品成本	
						单位成本（元/件）	总成本（元）
甲产品	80	120	0	0	10	40	3 200
乙产品	50	130	0	0	10	62	3 100

马克公司甲、乙两种产品 2019 年度需用的各种材料消耗定额及其采购单价资料如表 7－7 所示；各种材料年初和年末的存货量，以及有关账户余额等资料如表 7－8 所示。

表 7－7　　2019 年度马克公司的材料消耗定额及采购单价资料

产品品种	材　料	季　度				资料来源
		一	二	三	四	
甲产品材料消耗定额（件）	A 材料	3	3	3	4	
	B 材料	2	2	2	2	
乙产品材料消耗定额（件）	A 材料	5	5	5	4.5	
	C 材料	2	2	2	2	
材料采购单价（元/件）	A 材料	4	4	4	4	
	B 材料	5	5	5	5	
	C 材料	6	6	6	6	
	D 材料				10	

表 7－8　　2019 年度马克公司的材料存货量及其他资料

材料名称	年初存货量（件）	年末存货量（件）	预计期末存货量占下期需用量的百分比	增值税税率	年初余额（元）		付现率	
					应付账款	库存材料	首期	二期
A 材料	1 500	1 800	20%	17%	14 400	10 200	60%	40%
B 材料	480	720	30%					
C 材料	300	500	30%					
D 材料	0	1 000	为下一年度开发丙产品做准备，于第四季度购买					

表 7－8 显示，到第四季度，甲、乙两种产品消耗 A 材料的定额都将进行了调整，预计 C 材料的单价也将有所变动。企业每季度的采购金额中，有 60% 于当季支付现金，其余 40% 要到下季付讫。

马克公司在编制预算时采用变动成本法，变动性制造费用按各产品直接人工工时比例分配，2019 年预计的直接人工工时资料及制造费用预算如表 7－9 所示。除折旧费以外的各项制造费用均以现金支付，其中租赁费 3 000 元是根据年初作出的专门决策确定的。

表 7－9　　2019 年度马克公司的直接人工工时及制造费用预算　　金额单位：元

变动性制造费用			固定性制造费用			资料来源
1	间接材料	10 000	1	管理人员工资	9 100	
2	间接人工成本	7 600	2	折旧费	15 347	
3	维修费	6 145	3	办公费	6 500	
4	水电费	7 280	4	保险费	3 200	
5	其他	4 173	5	租赁费	3 000	
	合计	35 198	6	其他	1 000	
				合计	38 147	
	直接人工工时总数（小时）	29 332		减：折旧费	15 347	非付现成本
预算分配率＝35 198÷29 332≈1.20（元/小时）				现金支出合计	22 800	
			各季度支出数＝22 800÷4＝5 700			

问题：

（1）编制马克公司2019年度的销售预算、经营现金收入预算、生产预算、直接材料需用量预算、直接材料采购预算、现金支出预算与制造费用预算。

（2）请简要分析财务预算在企业管理中的作用。